時間も食材も賢く使う飛田さんの料理の工夫

飛田和緒

はじめに

この本を準備中、緊急事態宣言が出され、いつも通りに生活をすることが難しい世の中になりました。買い物もままならない中で、どう食材を使いまわしていくか、日ごろから続けていたことですが、さらに**もっと賢く生活できないかと工夫しながら生活**をしました。

食材の扱い方の基本を通して、おいしく食べきるにはどうすればいいか、自己流ではありますが、普段から気をつけていることをまとめました。三十数年の主婦生活と料理家として仕事を続けてきた二十数年。これまで鍛えられたことを思う存分お伝えします。

最近では、**「料理は面倒」「時短したい」**という声をよく耳にします。仕事に家事、育児。忙しく働く毎日を過ごしていると、できるだけ手間をかけずに食事を作りたいですよね。私も食事作りがしんどくなることがあります。

でも、おいしく食べるためには、**ちょっとだけ手をかける**ことも必要なのではないかと思うのです。素材のおいしさを引き出すひと手間を加えるだけで、ムダな調理や調味も少なくなり、それが**かえって時短**になります。そのことをぜひ多くの人に知ってほしい。

この本では、ひとつの素材について、おいしく食べきるための扱い方や工夫をメインに紹介しています。**メインの食材さえあれば、あとは家にあるものでできてしまう**くらいのレシピです。もっとボリュームを出したかったらそこに好みの材料を足していくだけ。私の今まで

の本もシンプルレシピがほとんどでしたが、この本はさらに引き算をして、ごく少ない材料で作れるものにしています。

素材に合わせた調理法を身につけ、**迷わず台所作業が進められれば**、もっと自由に、気持ちよく料理ができるようになると思います。ムダがあったらムダにしないように考えてみる。振り返ったり、立ち止まってみたり、一歩進んでいきながらおいしいご飯を作りましょう。

目次

1章「野菜」の工夫

Vegetable's

2章「卵・こんにゃく・豆腐類」の工夫

Egg, Konjac, Tofu

3章「肉」の工夫

Meat

4章「魚」の工夫

Seafood

5章「乾物」の工夫

Dry foods

6章「毎日の暮らし」の工夫

Everyday life

この本の決まり

- 計量単位は、小さじ1は5㎖、大さじ1は15㎖、1カップは200㎖です。
- レシピでは食材を洗う、野菜の皮をむく、ヘタや種を除くなど、基本的な下ごしらえは作り方から省いています。適宜行ってください。
- 塩少々は、親指と人さし指二本でつまんだ量で、小さじ1/10くらい、一つまみは親指、人さし指、中指の3本でつまんだ量で、小さじ1/6くらいです。
- オリーブ油はエクストラバージンオリーブ油を使用。米油は米ぬかから抽出される植物油で、好みの油でも。
- ガスコンロの火加減は、特に記載がない場合は中火です。
- 電子レンジの加熱時間は500Wの場合の目安です。

1章

Vegetables

「野菜」の工夫

野菜は1本、1個と丸ごと買って、小さいものはそのまま食べきる。大きいものはいっぺんには食べられないから、カットして下ごしらえできるものはし、冷蔵庫に収まるサイズにして食べ進めます。塩をする、下ゆでする、干すなどの下ごしらえをしておくと新鮮な野菜をおいしいまま、長く食べられます。もちろん1人暮らしや小家族、冷蔵庫の大きさによっては、大きな白菜やかぼちゃは食べきれなかったり、入らなかったりするかもしれません。それなら切り口が新鮮なカット野菜を買い、水分がなくならないうちに調理をすればいいのです。それでないと素材の状態が悪くなる一方で、レシピ通りに作ってもおいしくできません。

野菜の下ごしらえでは、皮のむき方、ヘタの切り方などをちょっとだけていねいにするとムダは減らせます。ある日の野菜のゴミをざるやボウルにためてみてください。どんなにムダが出ているかわかるはず。野菜は切り方を迷わずサクサク進めましょう。それには切れ味のよい包丁が必要です。それだけでも料理時間はもっと短縮できます。ちょっと大胆な自己流手法も紹介していますので、ぜひ試してみてください。

Kazuwo's NOTE

キャベツ
Cabbage

せん切りにする

上部のやわらかい部分を
ばっさり切って
せん切りに

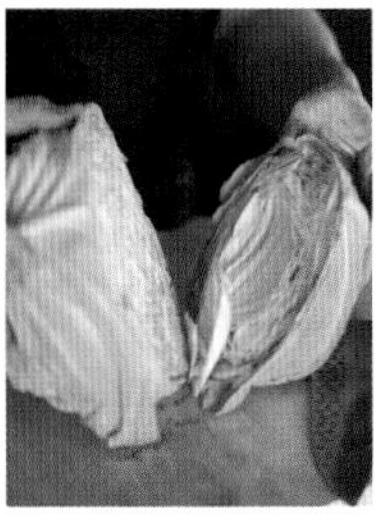

キャベツを買ったら鮮度がよいうちに、まずせん切りに。上部半分から⅓を切り落とし、さらに半分に切ってせん切りにすると切りやすい。キャベツのやわらかくおいしい部分をいただきます。塩、こしょう＋オリーブ油、マヨネーズ、しょうゆ＋ごま油など好みのものをかけてサラダにします。

Memo

キャベツはすぐに食べるならそのまま、予定がなければひと塩して冷蔵庫において保存。日持ちは約3日。

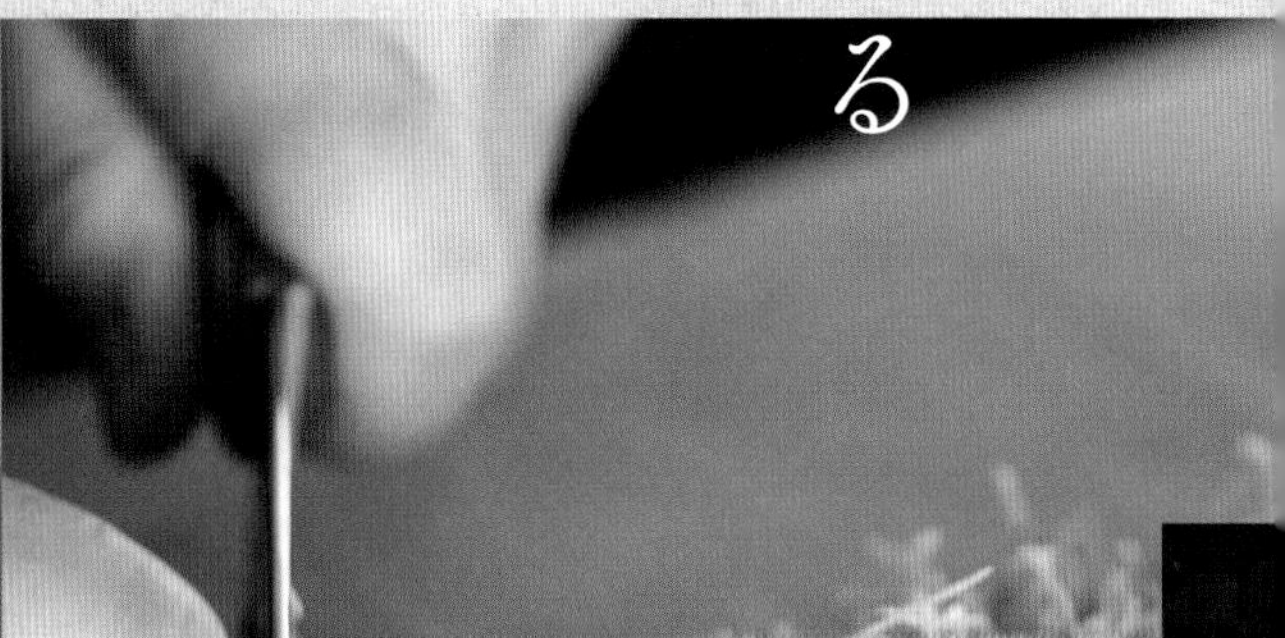

ざく切りにする

頭を切った下の部分は
炒めて、煮て、ゆでて……、
あれこれ使います

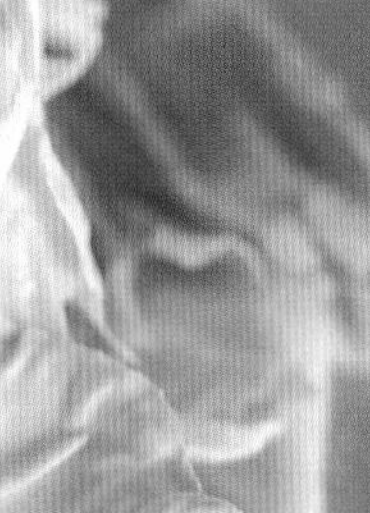

下の部分のキャベツは、ゆでたり、炒めたり、煮ものなどにして火を通して味わいます。一番使いやすいのは、ざく切りにして炒めものに。ひき肉のほかにアンチョビ、ザーサイ、じゃこ、梅干しの果肉などと炒めたり、味つけもしょうゆ、みそ、オイスターソースなどいろいろ。

のりでおかずサラダに

キャベツのりサラダ

材料と作り方（2〜3人分）

キャベツの上部…1/3〜1/2個分
焼きのり…適量
A レモンの搾り汁…1/2個分
　しょうゆ…小さじ2
オリーブ油…大さじ1

1　キャベツはせん切りにする。冷水に5分ほどさらしてパリッとさせ、水気をきる。

2　1を器に盛り、Aを順にかけ、ちぎった焼きのりを散らす。

ソースで甘みがアップ

キャベツとひき肉のソース炒め

材料と作り方（2人分）

キャベツの下部…1/4個分
豚ひき肉…80g
塩…二つまみ
A 中濃ソース…大さじ1 1/2〜2
　しょうゆ…少々
米油…大さじ1

1　キャベツはざく切りにし、軸の部分はさらに半分に切る。

2　フライパンに米油とひき肉、塩を入れて中火にかけて炒める。ひき肉がほぐれてきたら1を加えて炒め合わせ、少ししんなりしたらAを加えて味をととのえる。

ソースとしょうゆを加えたら、さっとからめて仕上げる。

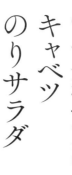

ゆでる

1個丸ごとゆでて
使いきります。
ゆでながらはがせば
簡単

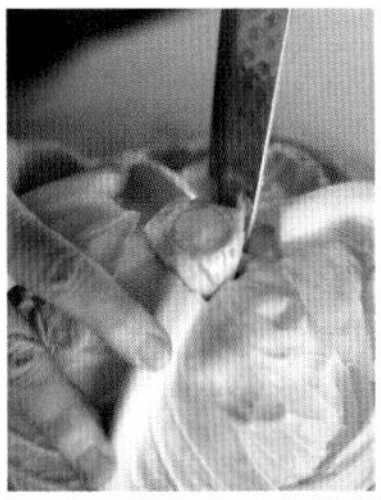

キャベツの芯の周囲に包丁の先で切り込みを入れ、芯を除きます。

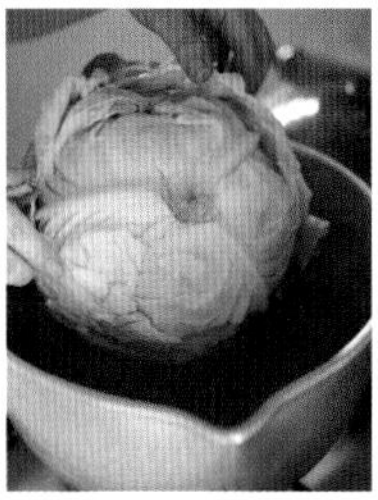

大きめの鍋に湯を沸かし、キャベツを丸ごと入れて。

キャベツが自然にはがれてきたら、トングなどで1枚ずつはずします。

はずしたキャベツは、ざるに上げて水気をきり、冷まします。

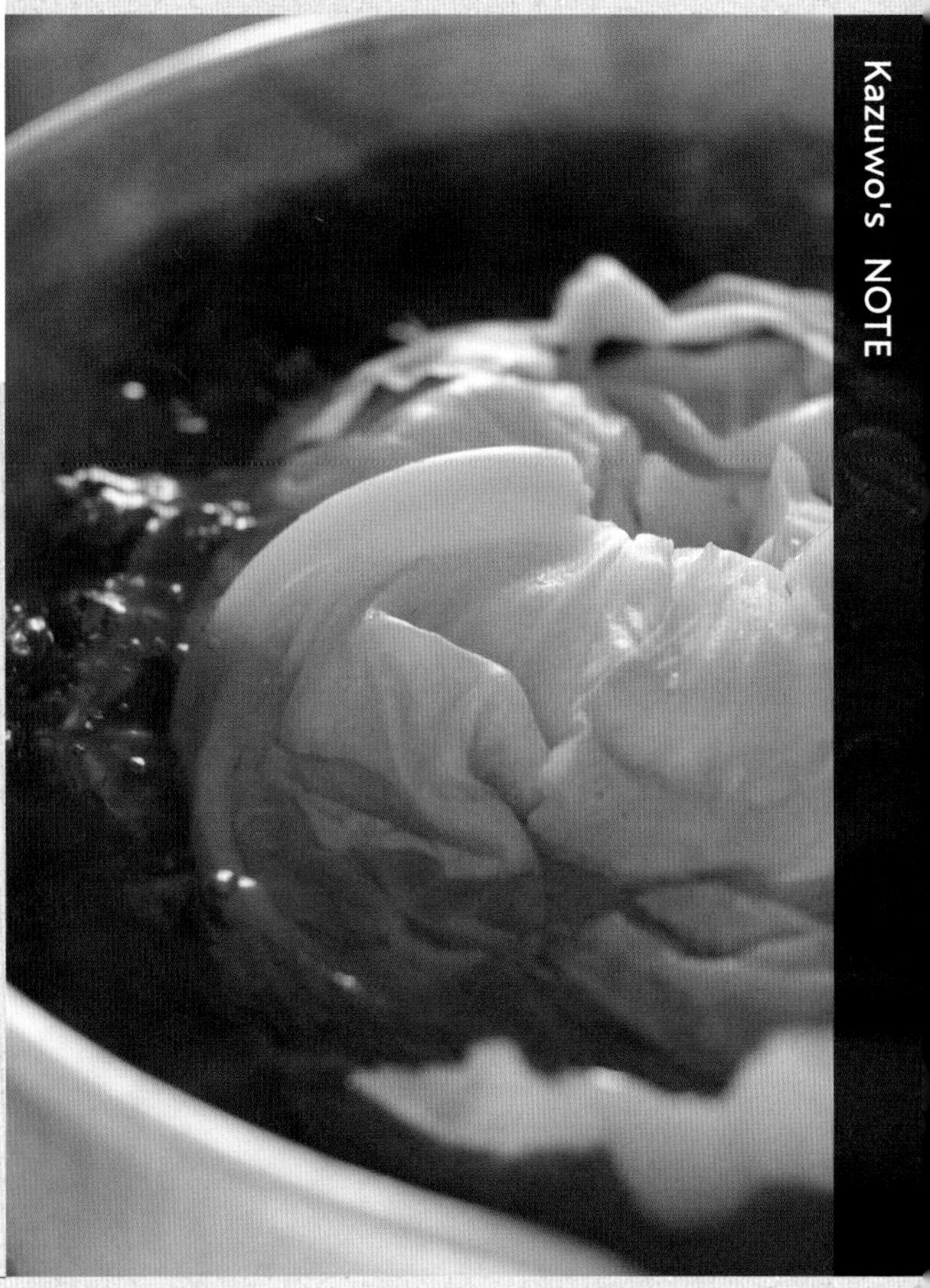

キャベツ
Cabbage

ゆでキャベツの残りで
チーズ
オリーブ油あえ

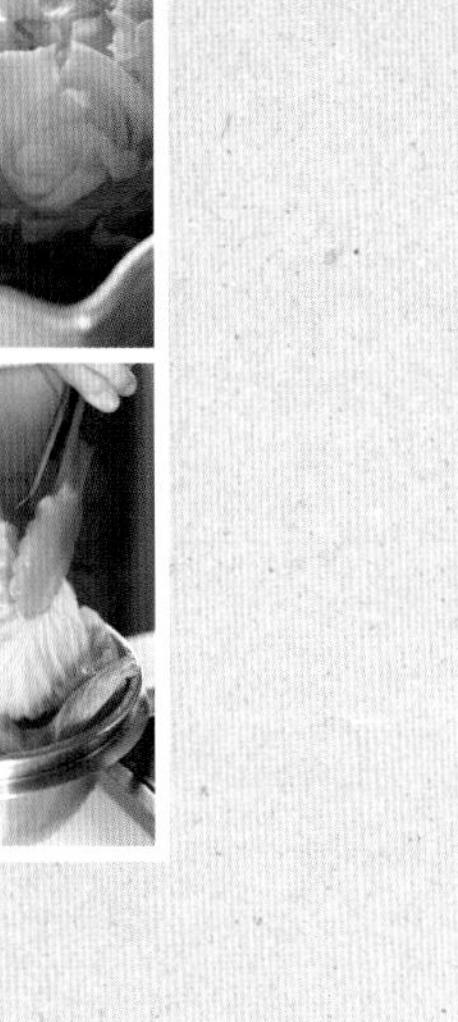

材料と作り方（2人分）
ゆでたキャベツ適量は熱いうちにざく切りにし（熱いので注意）、塩二つまみ、溶けるチーズ（シュレッドタイプ）50g、オリーブ油大さじ1を加えてあえる。

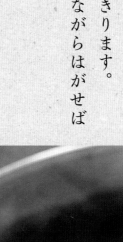

ひき肉より簡単。中身はベーコンで
ロールキャベツ

Recipe

鍋の中にきっちりと並ぶのが理想。すき間があれば、食べやすく切ったにんじん、ベーコンを詰めて煮る。

材料と作り方（4人分）

キャベツ…1個
ベーコン（かたまり。8等分に切る）…300g
塩…二つまみ

1 キャベツは芯をくりぬき、ゆでて葉を1枚ずつはずし、16枚を準備。軸の部分は丸めやすいようにそぎ取る。2枚ずつ重ね、ベーコン、そぎ取った軸をのせてきつく巻く。

2 鍋に1の巻き終わりを下にして並べ、すき間にくりぬいた芯を詰める。

3 水2カップを注ぎ、ふたをして中火にかけ、沸騰してきたら弱めの中火で1時間ほど煮る。途中煮汁が少なくなったら、ひたひたまで水を足す。キャベツが箸で切れるくらいやわらかく煮えたら、塩を加えてひと煮する。

にんじん

Carrot

丸ごと使う

1本丸ごと煮て使いきる。
甘みも生きるし、
見た目も楽しい！

にんじんは皮をむいたものを丸ごとカレーに入れたり、かたまりの肉と煮込んだりします。煮込む時間は少しかかりますが、かぶりついたり、ナイフですっと切って食べると、にんじんのうまみがいっそう感じられます。

Memo

にんじんは乾かないよう皮のまま1本ずつラップか、新聞紙に包んで冷蔵庫に入れて保存。

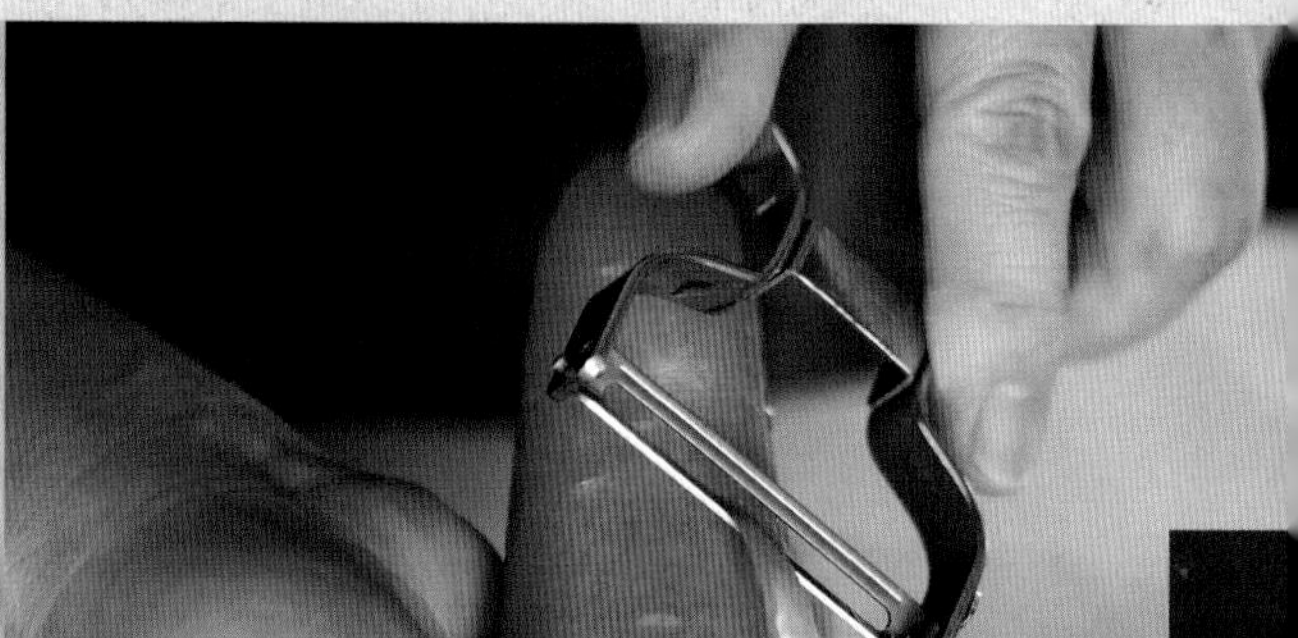

Kazuwo's NOTE

ピーラーで切る

すぐに味がなじむので、
生で食べるときは
ひらひらに切ります

にんじんの皮をむいたら、さらに縦にピーラーで薄く切ります。ひらひらした薄切りになるので、塩をふったり、ドレッシングなどの調味料であえるとすぐにしんなりとなります。また、すぐに火を通したい野菜のしゃぶしゃぶ鍋（p106参照）にも使います。

Memo

生にんじんに合わせる塩の分量の目安は、マリネなどにするときには重量の1%。塩をやや利かせてサラダやサンドイッチなどのトッピングにするときには保存も高めるために重量の2%。漬けものやピクルスにするときには重量の3～4%で味をつけ、水気を出して調理します。

にんじんカレー

丸ごとで主役に

材料と作り方（2人分）

にんじん…2本（300g）
豚バラ薄切り肉（細切り）…80g
玉ねぎ（みじん切り）…½個分
しょうが、にんにく（みじん切り）
…各1かけ分
A塩…小さじ½
—カレー粉…小さじ2
しょうゆ…大さじ1
バター、オリーブ油…各大さじ1
ごはん（温かいもの）…適量

1 にんじんは皮をむく。

2 厚手の鍋にバター、オリーブ油、しょうが、にんにくを入れて弱めの中火で炒める。香りが出てきたら、玉ねぎを薄く色づくまで炒める。豚肉を加え、色が変わるまで炒め、Aを加えて炒め合わせる。

3 1とひたひたの水（約2カップ）を加え、ふたをして15分ほど煮る。にんじんがやわらかくなったら、しょうゆと塩少々（分量外）で味をととのえる。器にごはんとともに盛る。

にんじんのビネガーあえ

ひらひらにんじんの甘みを味わって

材料と作り方（2〜3人分）

にんじん…1本（150g）
塩…一つまみ（重量の1%）
Aワインビネガー…小さじ2
—オリーブ油…大さじ1
粗びき黒こしょう…適量

1 にんじんは皮をむき、ピーラーでひらひらに薄切りにする。塩をふって軽く混ぜ、15分ほどおく。

2 しんなりしたら、絞らずに軽く水気をきる程度で、Aであえる。器に盛り、粗びき黒こしょうをふる。

Kazuwo's NOTE

にんじん

Carrot

Memo

長さをそろえて切ったものは繊維に沿って切るのでシャキシャキした歯ざわりに。斜めに切ったものは繊維を断ち切るのでしんなり。どちらの歯ざわりに仕上げるかで使い分けています。

せん切りにする

長さをそろえるか、斜め薄切りにするか切り方は2通り

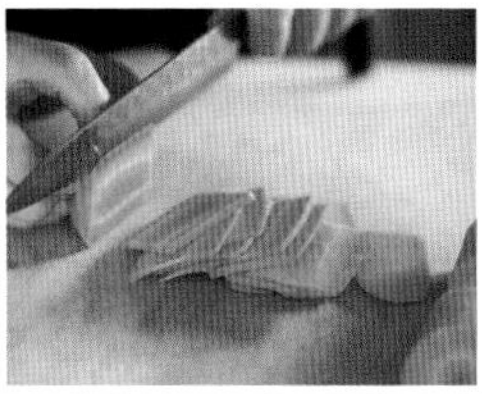

にんじんを料理に合わせた長さに切り、縦2～3㎜幅に薄切りにします。

薄切りのにんじんを少しずらして重ねます。

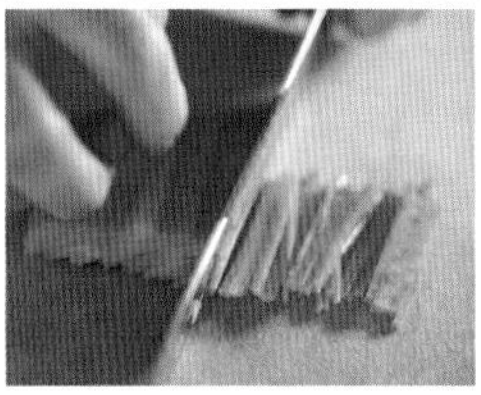

端から細く切れば、長さがそろったせん切りに。シャキシャキした歯ざわりで、あえものなどに。

根のほうから斜めに薄切りにします。

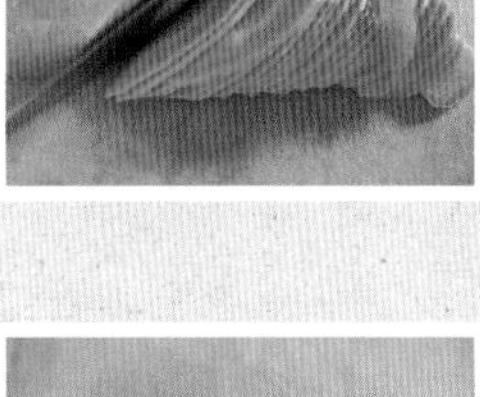

何もしなくても、にんじんがおとなしくきれいに重なります。

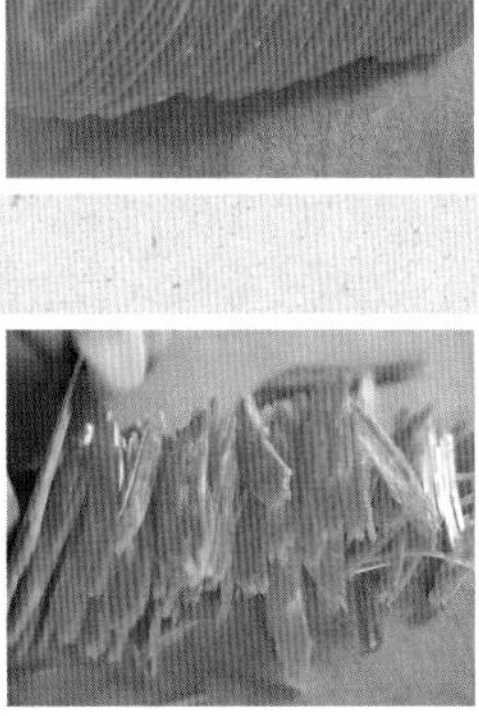

そのまま端から細く切ります。長さはそろいませんが、しんなりした歯ごたえで漬けものなどに。

Recipe

常備しておくとあれこれ使えます
塩にんじん

材料と作り方（作りやすい分量）

にんじん… 2本（300g）

塩… 小さじ1（重量の2%）

1 にんじんは皮をむき、せん切りにする（切り方は好みの方法で）。塩をふって軽くあえて保存容器に入れるか、ポリ袋に入れて空気を抜いて冷蔵庫に入れておく。

2 水気が出て、しんなりとしたらでき上がり。

＊サラダ（p21、p89参照）やサンドイッチのトッピング（p47参照）などに使います。冷蔵保存し、日持ちは4～5日。

大根
Radish

皮をむく

じっくりと煮込むときは
厚くむきますが、
あとはピーラーで

ふろふき大根やおでんにするときは、皮を厚くむいて皮の下にある堅い部分を除きます。

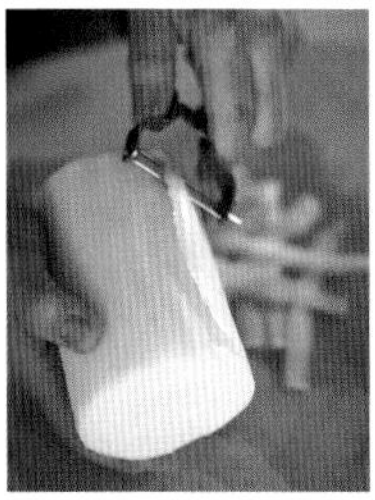

生でサラダや煮もの、炒めものにするときにはピーラーで薄くむいて使います。

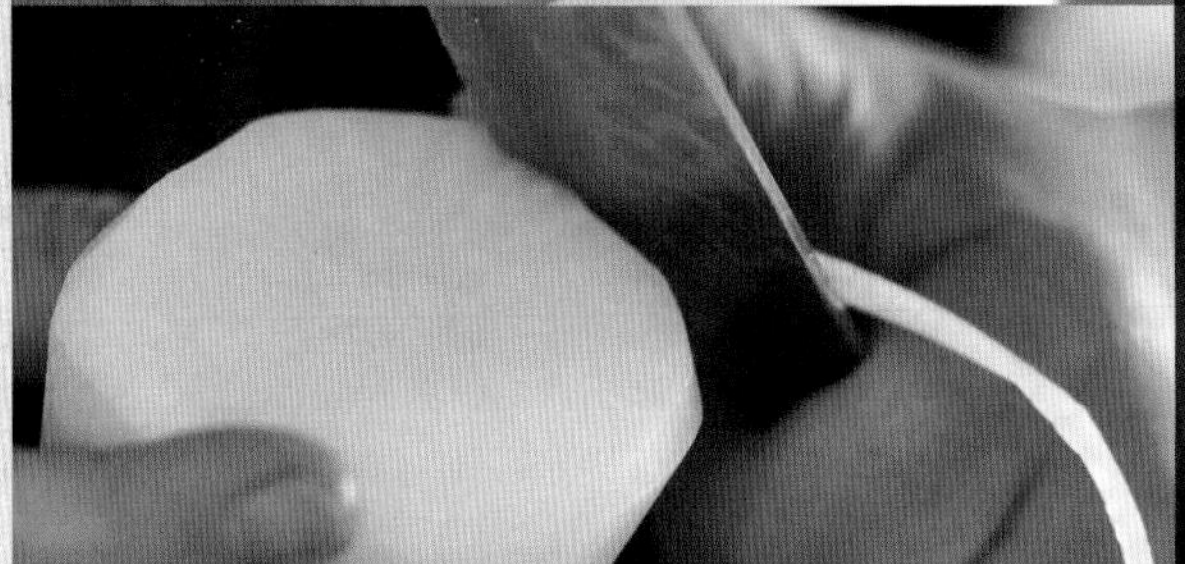

やわらかく煮込むときは、大根の切り口の角を細く切り取ります（面取り）。

面取りする

煮くずれしにくく、
味がしみ込むように
角を落とします

切り取った部分は、皮と一緒にきんぴらやみそ汁の具にします。切り取った部分、むいた皮とともに天日干しにしても（p18参照）。

丸ごと1本をゆで、だし汁を含ませて

ゆで大根

Recipe

材料と作り方（作りやすい分量）

大根…1本
米のとぎ汁（または水）…適量
だし汁…適量

1 大根は3㎝長さの輪切りにし、皮を厚めにむく。面取りをして、片面に十文字に切り込みを入れる。

2 鍋に入れ、かぶるくらいの米のとぎ汁を加えて火にかける。沸騰したら弱めの中火にし、ふたをして30〜60分ほどゆでる。竹串がすっと通るくらいまでやわらかく煮る。

3 冷水に取って一つずつていねいに洗い、ひたひたのだし汁を加えてひと煮し、そのまま冷ます。

Memo

大根1本はゆで大根にして保存しています。そのままでふろふき大根にし、粉をつけて揚げてつゆと合わせて揚げだし大根に、ぶりと合わせて甘辛く煮ればぶり大根に。ゆで大根は冷めたら汁ごと保存容器に移して冷蔵庫で保存。日持ちは約3日。

皮や葉を使う

葉は刻み、むいた皮は干して使います

厚くむいた皮、ピーラーでむいた皮、ともに食べやすいように細切りにし、天日に1日干すと歯ごたえが出てまた違ったおいしさになります。干したものはポリ袋に入れて冷蔵庫で保存しても。日持ちは約3日。

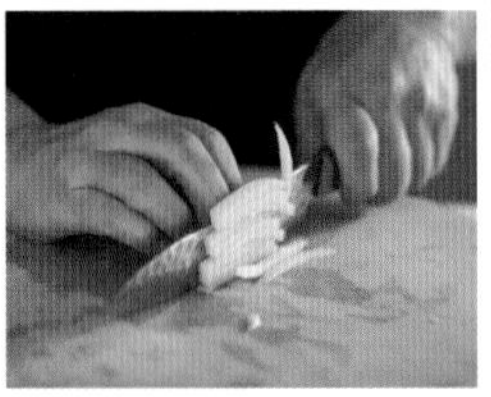

切る

幅広い料理に使えるのでいろいろな切り方をします

Kazuwo's NOTE

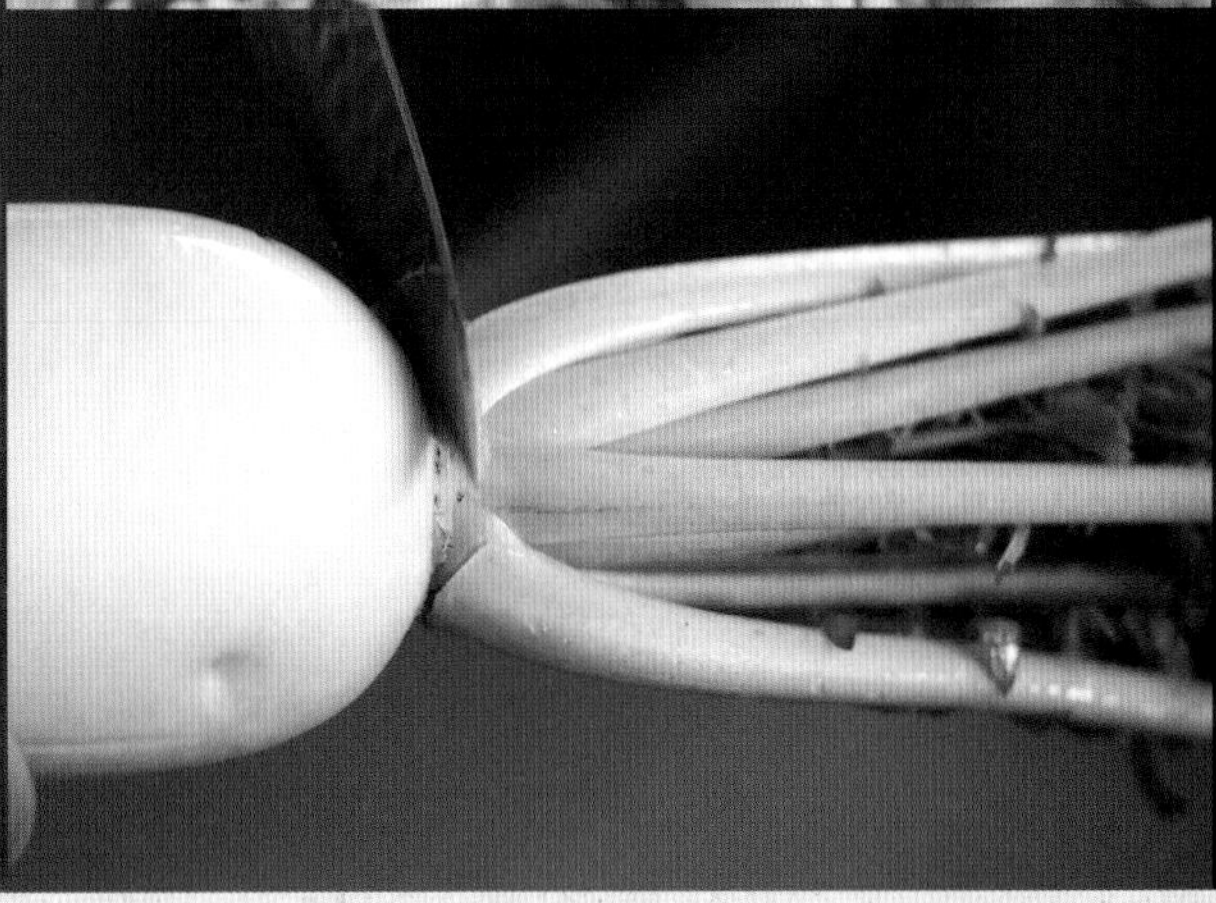

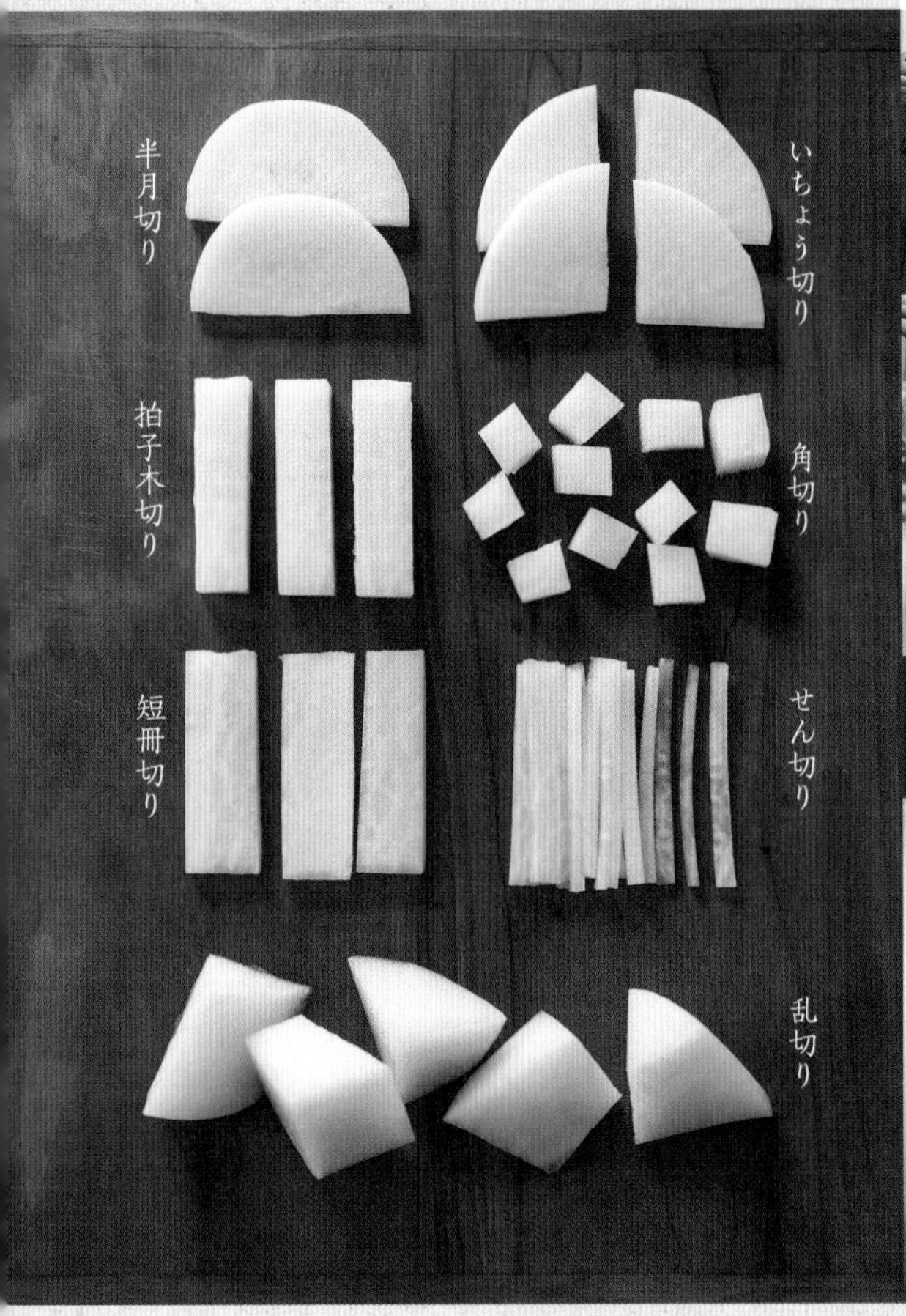

大根 Radish

切り落とした葉も食べられます。小口切りにして菜めしや炒めものにしたり、ひき肉と合わせて餃子やシュウマイにします。

Memo

葉つき大根が手に入れば、葉はすぐに切り落としておきます。そのままにしておくと成長し、葉に栄養をとられて大根の味が落ちるので注意。少しだけ茎がついている場合も同じ。

半月切り

輪切りを半分に切ります。

短冊切り

短冊のような長い長方形の、薄切りにすること。

いちょう切り

輪切りにしたものを4等分に切ります。

せん切り

縦2～3㎜幅に薄切りにし、何枚か重ねて端から細く切ります。

拍子木切り

長さ4～5㎝、1㎝ぐらいの棒状になるように切ります。

角切り

拍子木切りにしたものをさらにさいころ状に切ります。3～6㎜角をあられ切り、7㎜～1㎝角をさいの目切りとも呼びます。

乱切り

不規則な形に切ることで、大根は縦4～6等分にしてから、斜めに3㎝くらい（一口大）に切ります。

干した皮をよく炒めて
大根の皮のきんぴら

材料と作り方（作りやすい分量）

大根の皮…1本分（約300g）
赤唐辛子…1本
A しょうゆ…小さじ2
　砂糖…小さじ½
　酒…大さじ1
米油…小さじ2

1 大根の皮は細切りにし、天日で1日干す。

2 フライパンに米油を熱して1と赤唐辛子を炒め、油がなじんだら、Aを加えてさらに炒める。

切り落とした葉がしゃれた一品に
菜めし

材料と作り方（作りやすい分量）

大根の葉…1本分
塩…適量（重量の3％）
ごはん（炊きたて）…適量
炒り白ごま…適量

1 大根の葉は小口切りにする（葉が長い場合は葉先は切り落とし、茎を使う）。塩をふってまぶして15分ほどおく。しんなりとしたら水気を絞る。

2 ごはんに1を適量混ぜ、炒り白ごまをふる。

＊大根の葉は食べてみて堅い場合は、さっとゆでて水気を絞ります。塩もみした葉の残りは冷凍保存を。ごはんに混ぜるほか、みそ汁の青みなどに使います。

白菜
Chinese cabbage

葉と軸に分ける

炒めものなどは
葉と堅い軸に分けると
いい具合に火が通ります

Kazuwo's NOTE

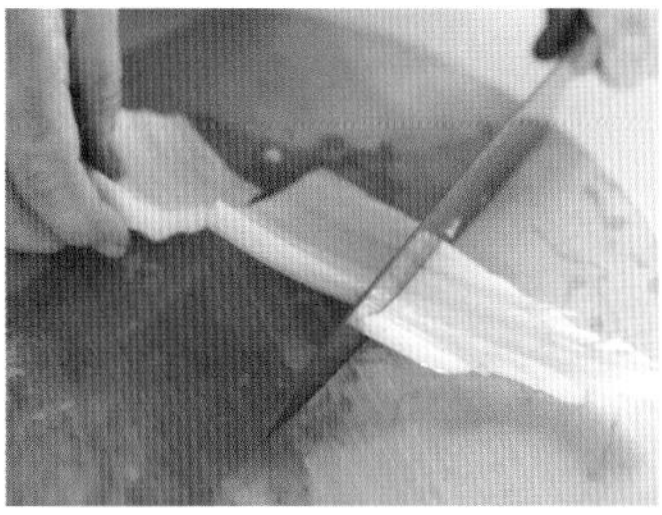

白菜を炒めるときは手早く火を通したいので、やわらかい葉と堅い軸に切り分けます。軸から炒めて最後に葉を加えると、どちらもいい具合に火が通ります。葉はサラダに、軸は漬けものにと、別々に使うこともあります。

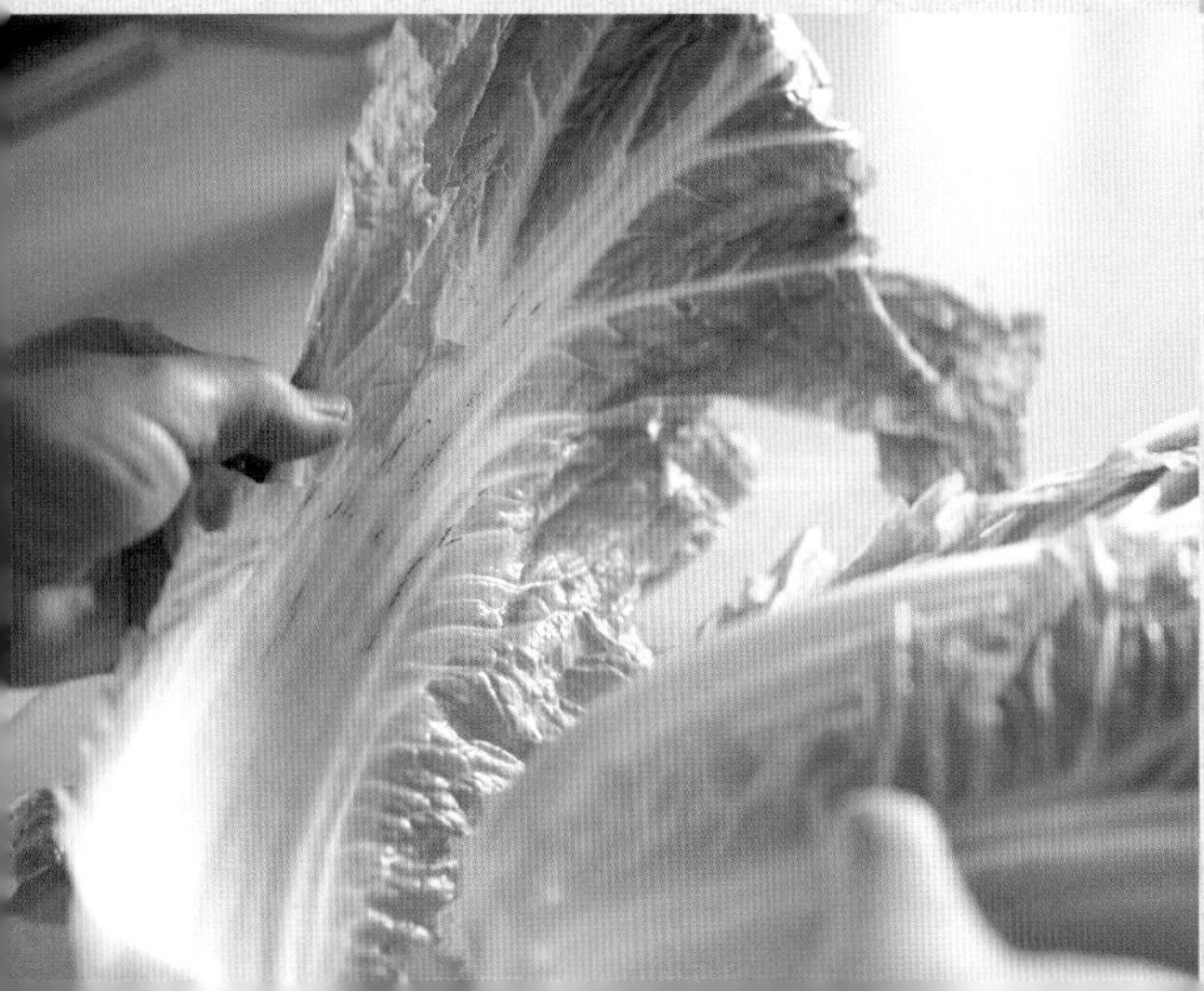

Memo

1個買ったら、外側の緑色が濃く、やや堅い葉ははがして煮込みやスープにします。半分は塩をしてしんなりとさせておくと、漬けものやサラダに。鍋ものや炒めものに入れれば塩のおかげで下味がついており、そのまま食べてもおいしい。

白菜のサラダに、塩にんじん(p15参照)を加えてもおいしい。

やわらかな葉で
白菜のサラダ

材料と作り方（2人分）

白菜の葉の部分…5枚分
ハム…2枚
A 塩…二つまみ
　粗びき黒こしょう…少々
　ワインビネガー、はちみつ…各小さじ1
オリーブ油…大さじ1

1 白菜はざく切りにする。ハムは半分に切り、1cm幅に切る。

2 ボウルに1を入れ、Aを順に加えてよくあえる。

Recipe

軸だけで歯ごたえがグッド
ラーパーツァイ

材料と作り方（作りやすい分量）

白菜の軸の部分…5枚分
しょうが（せん切り）…1かけ分
花椒《ホワジャオ》…小さじ2
塩…小さじ1½
A 酢…大さじ3
　砂糖…大さじ3
ごま油…大さじ2

1 白菜は5〜6cm長さに切り、縦に1cm幅の棒状に切る。塩をしてしんなりするまでおき、水気を絞る。

2 1を耐熱ボウルに入れてAとあえ、しょうがと花椒をのせる。

3 小さな鍋やフライパンにごま油を入れて煙が出るまで熱し、すぐに2にかけ、10分ほどおいて混ぜる。

繊維に沿って縦に切ると、シャキシャキとした歯ざわりになる。

Kazuwo's NOTE

トマト Tomato

湯むきする

トマトは皮をむく、むかないでひと味変わります。つるんとむける〝湯むき〟なら意外に簡単

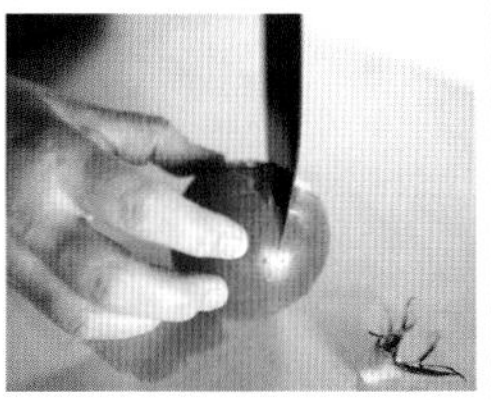

ヘタの周囲に包丁の先をくるりと刺して、ヘタを除きます。十文字に、浅く切り込みを入れます。

熱湯に入れて、皮がめくれてきたら引き上げます。

すぐに水（できれば氷水）に取り、粗熱が取れたら、皮をむきます。

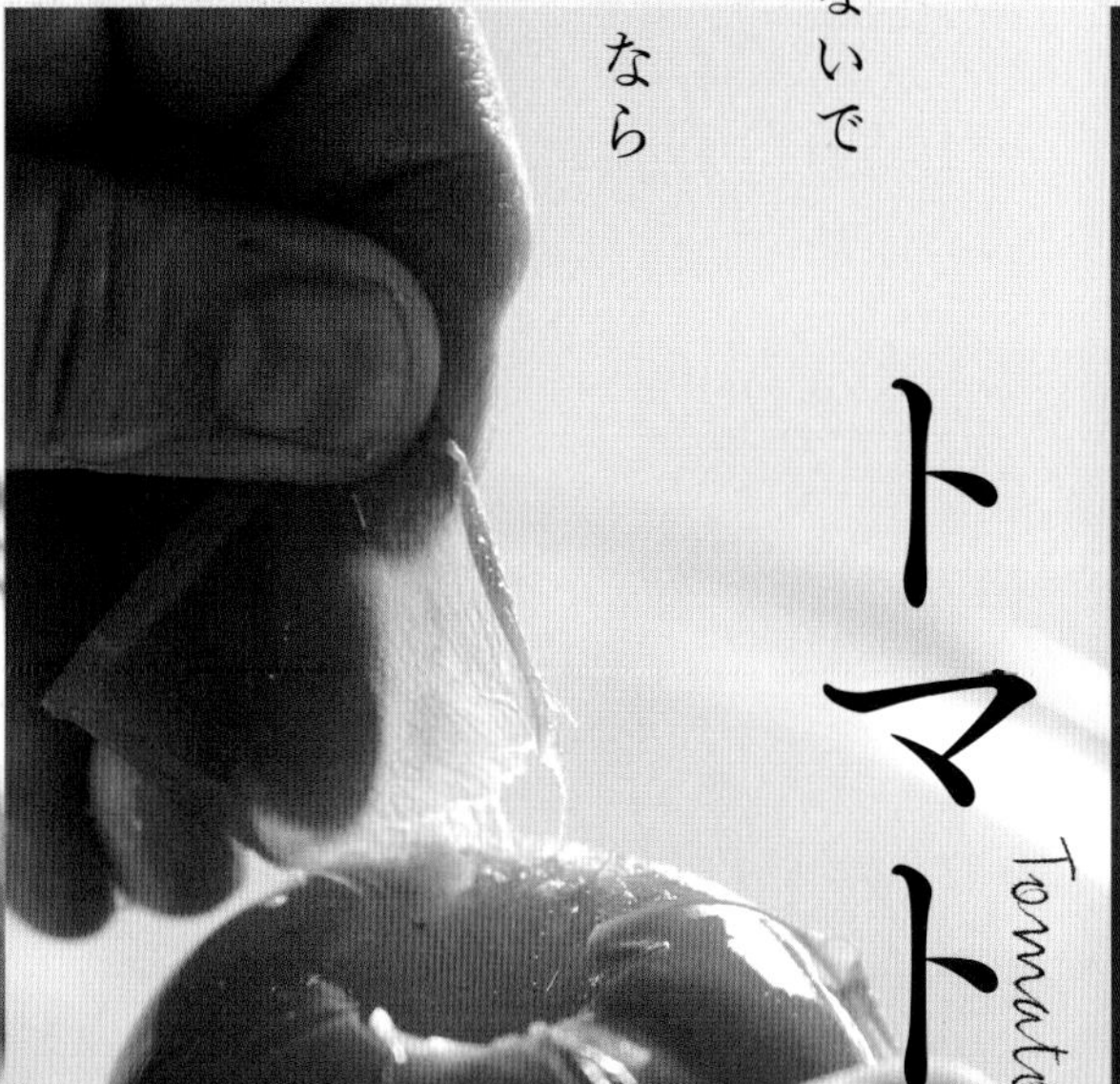

冷凍する

すぐに食べられないときは、丸のまま冷凍庫へ。料理に使うときは、凍ったままでOK

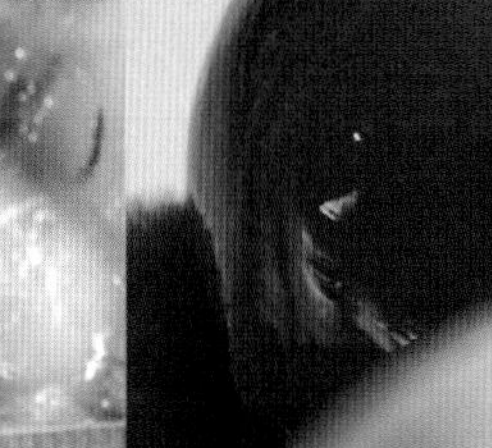

冷凍トマトは、解凍すると水気が出てうまみが抜けてしまうので、ヘタを取って凍ったまま使います。皮が気になるときは半解凍すると、つまんだだけでつるりとむけます。

トマト、ミニトマトともに洗ったら水気をふいて、ジッパーつき保存袋に入れて冷凍庫で保存。日持ちは約2週間。

Memo

ミニトマトは冷蔵庫で保存するよりも冷凍しておいたほうがおいしいまま日持ちもします。たくさんたまったときにはトマトソース作り。冷凍のまま鍋に入れて加熱し、煮詰めるだけ。冷凍することで繊維がほどけてトロトロのソースになります。

Recipe

湯むきトマトが
トロトロに
トマトの卵炒め

材料と作り方（2人分）
トマト…2個
卵…2個
塩…二つまみ
薄口しょうゆ…小さじ½
米油…小さじ2
粗びき黒こしょう…適量

1 トマトは湯むきをして一口大に切る。卵は割りほぐし、塩を混ぜる。
2 フライパンに米油を熱し、1の卵液を一気に入れて大きく混ぜ、半熟になったら取り出す。
3 続けてトマトを入れ、さっと炒めてしょうゆをからめ、2を戻して軽く炒め合わせる。器に盛り、粗びき黒こしょうをふる。

Memo
皮をむいたことで味が入りやすく、トマトのやわらかさに半熟の卵がよくなじんでまとまります。シンプルな炒めものだからこそ、ひと手間を惜しまずに。

炒めたベーコンが
いい味だしに
ミニトマトとベーコンのスープ

材料と作り方（2人分）
冷凍ミニトマト…16個
ベーコン（細切り）…1枚分
塩…少々
オリーブ油…適量

1 鍋にベーコンとオリーブ油小さじ1を入れて、軽く炒める。水1½カップを加え、ヘタを取った冷凍ミニトマトを凍ったまま加えて煮る。
2 皮がはじけてきたら、塩で味をととのえる。器に盛り、好みでオリーブ油少々をたらす。

＊半解凍して、皮をむいて加えても。

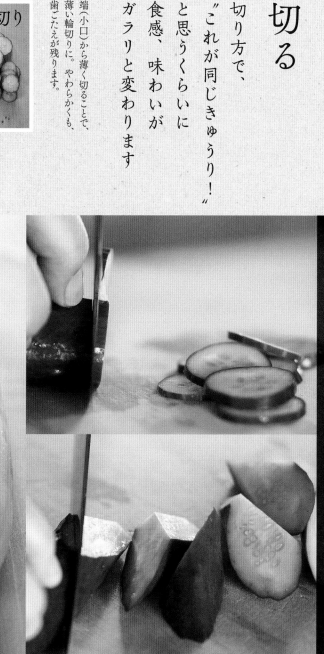

切る

切り方で、
"これが同じきゅうり!"
と思うくらいに
食感、味わいが
ガラリと変わります

端(小口)から薄く切ることで、薄い輪切りに。やわらかくも、歯ごたえが残ります。

包丁をきゅうりに斜めに当てて、きゅうりをまわしながら切ります。だいたい3cmくらい(一口大)に切ります。断面が多く、味がよくからみます。

Kazuwo's NOTE

きゅうり

Cucumber

皮をむく

味をしみ込ませるときは、
全部、またはしま状に
むきます

きゅうりは縦方向に伸びています。皮はピーラーで繊維に沿ってむきます。しま状に残す、全部むくはお好みで。濃い緑の皮をむくと、きれいな翡翠色になり、味がしみ込みやすくなり、青くささもやわらぎます。

Memo

きゅうりが旬の間は飽きないように、皮をむくかむかないか、しま状にむくかなど、切り方と合わせて変化を楽しみながら調理します。むいた皮、除いた種の部分は刻んでドレッシングの具にしたり、スープやみそ汁の具にします。

きゅうりとわかめの酢のもの

小口切りで歯ごたえよく

材料と作り方（2人分）

きゅうり…1本
塩蔵わかめ（洗って水で戻す）…20g
しらす干し…大さじ1
塩…小さじ⅓
酢…小さじ2

1 きゅうりは小口切りにし、塩をふって15分ほどおく。わかめは一口大に切り、ともに水気を軽く絞る。
2 1としらす干しの半量を合わせ、酢を加えてあえる。器に盛り、残りのしらす干しを散らす。

＊酢の味や好みによって、砂糖を少し加えるとまろやかな仕上がりに。

豚肉ときゅうりの炒めもの

皮むききゅうりは味がよくからみます

材料と作り方（2人分）

きゅうり…2本
豚バラ薄切り肉（一口大に切る）…80g
しょうが（皮つき。薄切り）…3〜4枚
塩…適量
ナンプラー…少々
米油…小さじ2

1 きゅうりは皮をすべてむき、乱切りにする。塩小さじ½をふって10分ほどおく。豚肉は塩二つまみをふる。
2 フライパンに米油を熱し、豚肉を炒める。肉にほぼ火が通ったら、しょうがと水気をふいたきゅうりを加えて炒め、きゅうりに火が通ったら、ナンプラーを混ぜる。

Recipe

きゅうり

Cucumber

板ずりする

塩をまぶして
コロコロすると
色がよくなり、
青くささも取れます

きゅうりを洗ってまな板にのせ、塩をふります。塩の量は、1本につき小さじ¼くらい。

両手でコロコロと押し転がして、塩をまんべんなくまぶします。

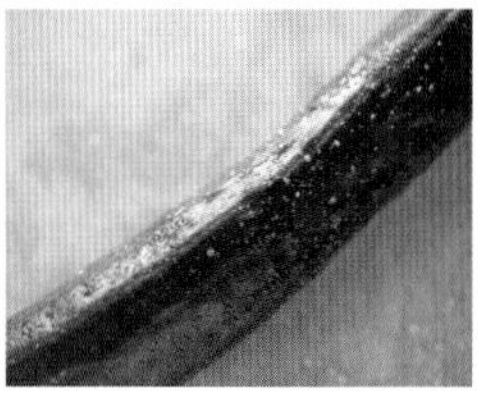

塩の粒がなくなり、きゅうりが汗をかいたようになればOK。洗って塩を流すか、そのまま料理に使います。

干す

切って日に当てると、
独特の食感に

きゅうりは斜めに5㎜厚さに切ります。ざるに重ならないように並べて、半日ほど日に当てて干します。きゅうり全体がしんなりしたらでき上がり。あえものや炒めものにします。

Memo

干すことで、味が濃くなって、また違う歯ごたえが生まれます。そして量もぐっと減りますので、炒めものなどメイン料理に使いたいときはたっぷりと干します。切り方は好みで。薄ければ早く乾き、厚かったり、大きかったら時間がかかります。

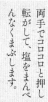

Recipe

板ずりで塩がしっかりなじみます
塩漬けきゅうり

Memo

板ずりすることで塩のなじみがよくなり、独特のえぐみも取れます。刻んで酢のものや、たたいてヒビを入れてから切ってあえものにします。

材料と作り方（2人分）

きゅうり…1本
塩……小さじ½

1 きゅうりはしま状に皮をむき、塩をふって板ずりをする。ポリ袋などに入れて、冷蔵庫で1時間ほどおく。

2 きゅうりがしなるくらいしんなりしたら、縦半分にし、一口大に切る。

*漬けもの用に塩は多め。きゅうりがしんなりしなかった場合は、塩少々をもう一度まぶして様子をみるか、みそなどをつけて食べても。

干したきゅうりの食感を味わって
きゅうりのごま酢あえ

すりごまは、炒りごまを再度炒ってからすり鉢でするとより香ばしい仕上がりに。

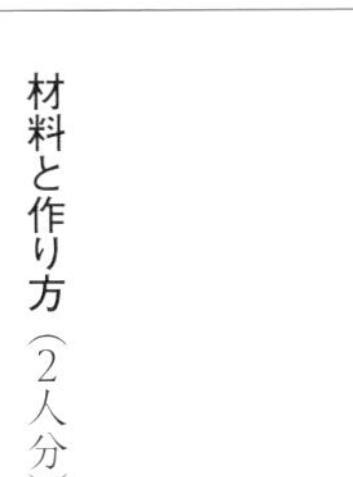

材料と作り方（2人分）

きゅうり…1本
A すり白ごま…小さじ2
練り白ごま…小さじ1
塩…一つまみ
薄口しょうゆ…小さじ½

1 きゅうりは斜めに5㎜厚さに切り、ざるに並べて、半日ほど干す。

2 Aを合わせ、1を加えてあえる。

ヘタを切る

ヘタをばっさり切り落とさないで。ヒラヒラした部分をむけば先端まで食べられます

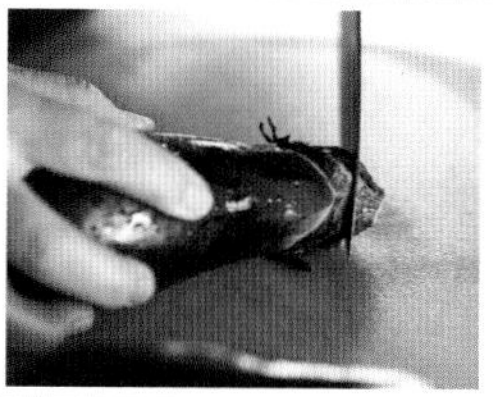

ヘタの先端の堅い部分は切り落とします。

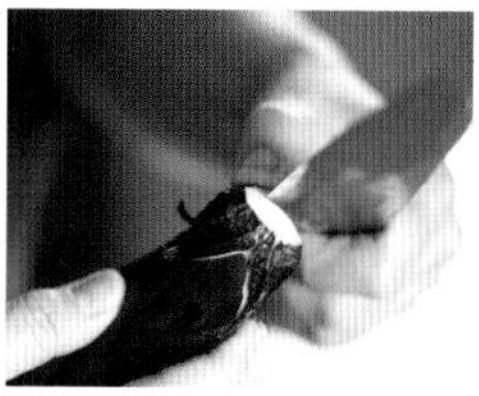

ヒラヒラした部分を、包丁でぐるりとむきます。

ぐるりとむけました。ヘタにはとげがある場合もあるので注意して。

Kazuwo's NOTE

なす
Eggplant

味をしみ込ませたり、やわらかく仕上げたいときは皮をむきます。ヘタの部分を処理したら（上部参照）、ピーラーでヘタから下に向けてむきます。むいた皮はみそ汁に入れたり、きんぴらにします。

皮をむく

皮をむくととろんとやわらかい食感に変わります

皮をむいたなすは1個ずつラップで包み、電子レンジへ。加熱時間の目安は1本につき約1分で、必ずさわって（熱いので注意）やわらかくなっているか確認。ラップに包んだまますぐに水（できれば氷水）に取って冷まします。

Memo

電子レンジにかけたなすは、ラップをはずして保存容器に入れて冷蔵庫へ。日持ちは2～3日です。そのまままかつお節をのせ、しょうゆをかけて蒸しなすとして食べても。

Recipe

揚げたてを漬けて
なすの揚げびたし

材料と作り方（4人分）

なす…5本
みりん、しょうゆ…各大さじ4
砂糖…大さじ1
だし汁…1½カップ
揚げ油…適量

1 小鍋にみりんを入れ、煮立ててアルコール分を飛ばし、しょうゆ、砂糖を加え、火を止める。冷ましてだし汁を混ぜる。

2 なすはヘタの先端を切り、ヘタの周囲をむいて縦6〜8等分に切る。

3 180℃の揚げ油に入れ、切り口に色がつくまで揚げ、1に漬ける。

＊なすを揚げたら、熱いうちにすぐにたれに漬けると味がなじみます。

切り口に薄く色がつくまでじっくりと揚げる。

蒸しなすのやわらかさがおいしさ
なすとハムのホットサンド

材料と作り方（2人分）

なす…3本
食パン（8枚切り）…4枚
ハム…4枚
塩…二つまみ
バター、マスタード、マヨネーズ…各適量

1 なすはヘタの先端を切り、ヘタの周囲をむき、皮をむく。1本ずつラップで包み、電子レンジに3分ほどかける。縦半分に切って、塩をふる。

2 食パンにバター、マスタードをぬる。ハムをのせ、1を並べ、マヨネーズを絞ってサンドする。

3 何も引かないフライパンに並べ、平らなふたなどで軽く押しつけながら両面をこんがりと焼き、食べやすく切る。

なすの上にマヨネーズを絞ってサンドする。

Kazuwo's NOTE

ワタと種を除く

買ってきたらすぐにワタと種を除いて保存を。おいしさ長持ち

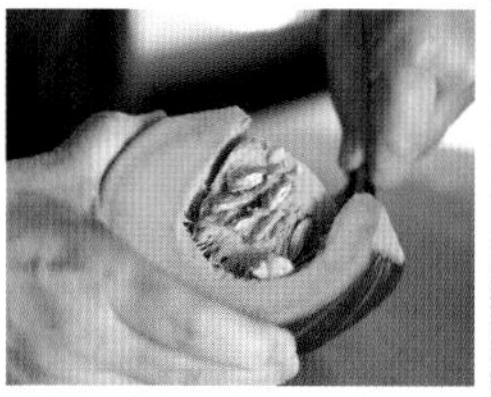

大きめのスプーンでワタと種を一緒にざっとかき取ります。

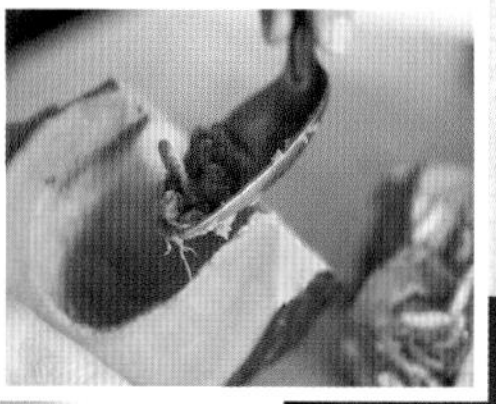

スプーンでこそげるようにしながら、果肉に残ったやわらかいワタをできるだけ取ります。

これで下ごしらえ完了。ラップで包んで冷蔵庫で保存。

皮をむく

皮はところどころそぎ取ればＯＫ

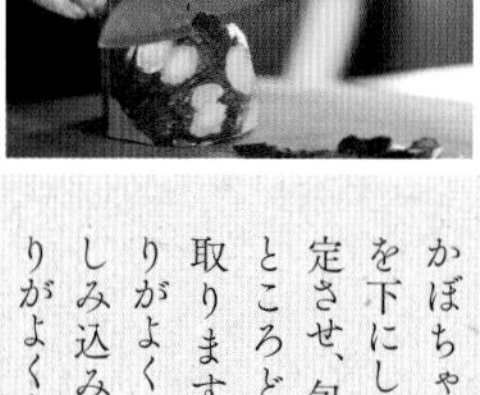

かぼちゃの切り口を下にしておいて安定させ、包丁で皮をところどころそぎ取ります。火の通りがよくなり、味のしみ込みや口当たりがよくなります。

Memo

切り取った皮や面取りした角は、180℃の揚げ油に入れて時々混ぜながらカリッとするまで揚げ、塩をふれば、おつまみやおやつになります。またはみそ汁やスープに入れても。

かぼちゃ

Squash

味がしみて甘みが引き立ちます かぼちゃの薄甘煮

Recipe

材料と作り方（4人分）

かぼちゃ… 1/2個（700〜800g）

A 塩… 小さじ1/2

─薄口しょうゆ… 小さじ1/2

1 かぼちゃはワタと種を除き、皮をところどころそぎ取る。一口大に切り、面取りをする（p16参照）。

2 鍋にかぼちゃの皮を下にして重ならないように入れ、かぶるくらいの水を加えて火にかける。フツフツしてきたら、Aを加えて紙ぶた、鍋のふたをして弱めの中火で15分ほど煮る。

3 途中で煮汁が少なくなったら、水を足しながら煮る。やわらかく煮えたら、火を止めてそのまま冷まし、食べるときに温め直す。

ピーマン

Green pepper

ヘタと種を除く

包丁を使うと
ムダなく
手早くできます

若くて小さめのものならやわらかいので、ヘタや種を除かずに丸ごとでも食べられます。ざく切りにして炒めものなどに使います。

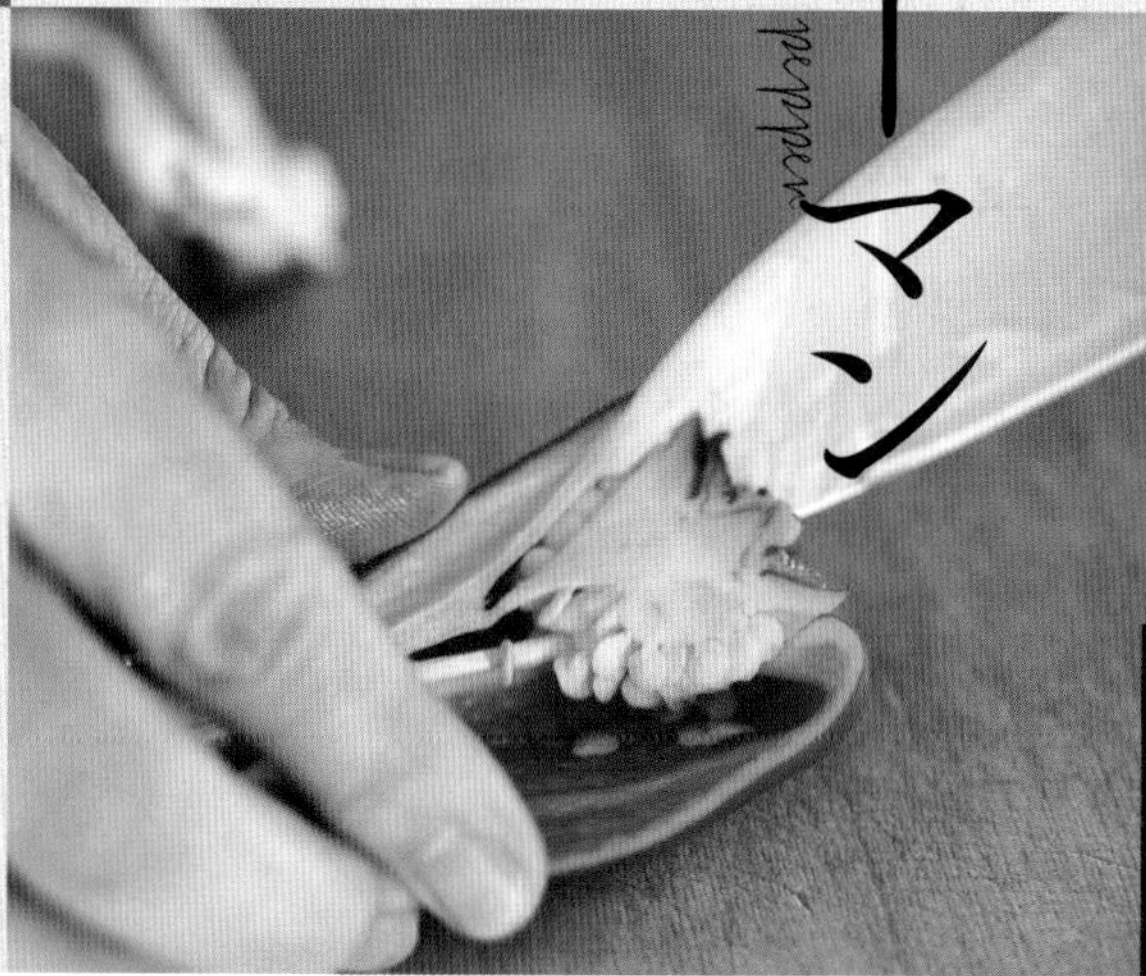

丸ごと使う

若い、小さめの
ピーマンなら
丸ごと食べられます

ピーマンは縦半分に切り、切り口を上にしておき、包丁の先でヘタの種の周囲に切り込みを入れます。ヘタの部分を持って手前に引くようにして除きます。手でちぎるよりもムダなく、きれいに取れます。

オクラ

Okra

ガクをむく

頭をばっさり切らずに
ガクをむくと
いっぱい食べられます

ヘタが長い場合は切り落とし、ガク(角の堅い部分)をくるりとむきます。

塩をまぶす

色よく
仕上げたいときは
塩をまぶします

オクラをゆでて使うときは、塩少々をまぶしてこすりつけ、そのまま熱湯に入れてゆでます。緑色が鮮やかになり、表面のうぶ毛も取れます。

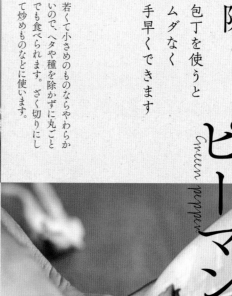

丸ごとざく切りにして ガパオライス

材料と作り方（2人分）

ピーマン…2個
鶏ひき肉…200g
玉ねぎ（みじん切り）…1/3個分
にんにく（みじん切り）…1かけ分
バジル（葉を摘む）…2枝分
酒…大さじ1
A 塩…小さじ1/4
　しょうゆ、オイスターソース…各大さじ1
　砂糖…小さじ1
　ナンプラー…小さじ1/3
米油…大さじ1
ごはん（温かいもの）、目玉焼き…各適量

1 ピーマンは丸ごとざく切りにする。

2 フライパンに米油と玉ねぎ、にんにくを入れ、中火で透き通るまで炒める。ひき肉を加え、酒をふって炒め、肉がほぐれたら1も加える。肉に火が通ったら、Aを加えて味をなじませる。

3 バジルの葉を加え、ひと混ぜして火を止める。ごはんとともに器に盛り、目玉焼きをのせる。

ゆでたてがおいしい ゆでオクラ

材料と作り方（2人分）

オクラ…8本
塩、マヨネーズ、梅肉…各適量

1 オクラはガクをくるりとむく。塩をまぶして、そのまま熱湯でさっとゆでる。

2 ゆでたての熱いうちに器に盛り、マヨネーズ、梅肉を添えてつけて食べる。

Memo

この方法で下処理すると食べる部分が増えるだけでなく、見た目も美しい。ガクの部分をスパッと切り落としてゆでると、種の部分にゆで汁が入って水っぽくなってしまいます。

Kazuwo's NOTE

きのこ

Mushroom

石づきを切る

きのこは
基本的に洗いません。
根元の堅い部分、
石づきを切ります

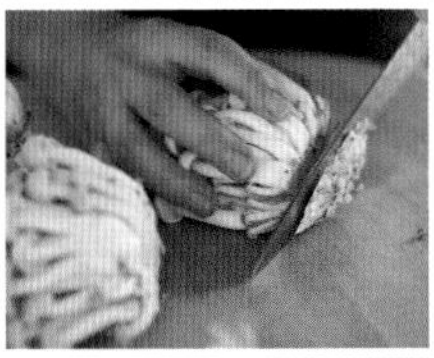

しめじ、えのきたけ

ともに一番下のギュッと縮まっているところが石づき部分。縮んだきわを切り落としますが、えのきたけは袋の上から切ると、ばらばらにならないので扱いやすいです。

生しいたけ

一番下の少しふくらんでいる堅い部分が石づきで、切り落とします。石づきの上からかさの部分までは軸で、ここは食べられます。薄く切ったり、手で裂いて使います。

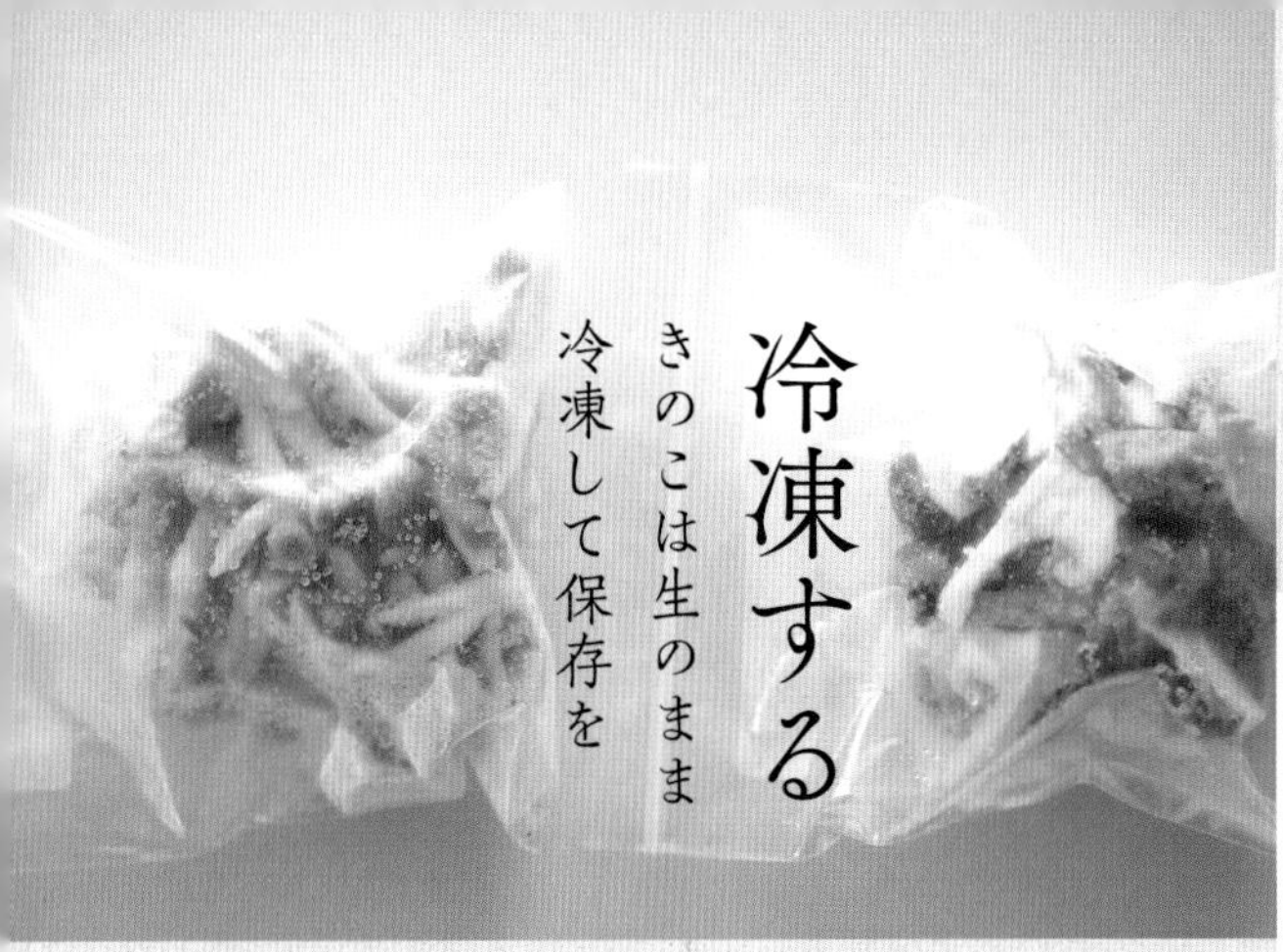

冷凍する

きのこは生のまま
冷凍して保存を

すぐに調理できないときは切って冷凍庫へ。石づきを切り落とし、小房に分けたり、食べやすく切ったりしてジッパーつき保存袋に入れて冷凍庫へ。日持ちは約3週間。使うときは冷凍のまま汁もの、炒めもの、煮ものに入れます。

里いも

Taro

皮をむく

洗って乾燥
させてからむけば
ツルツルすべりません

里いもはぬれているとツルツルしてむきにくいので、洗って乾燥させてからむきます。いもの上下を少し切り落とし、繊維に沿って、下から上に向かってむくとすべりにくいし、きれいにむけます。

皮をむいた里いもに、塩を多めにふって粘りが出るまで手でもみ、流水で洗ってぬめりを落とします。

ぬめりを取る

塩をふってもむ方法と
ふきんでふく方法があります

乾いたふきんで表面をゴシゴシしっかりとふいても、ある程度ぬめりが取れます。

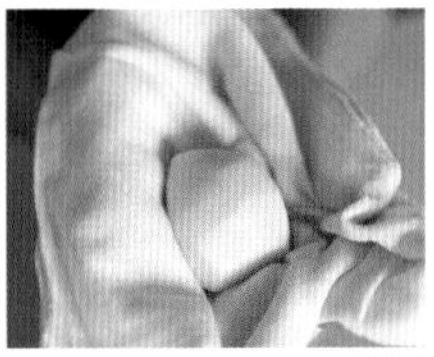

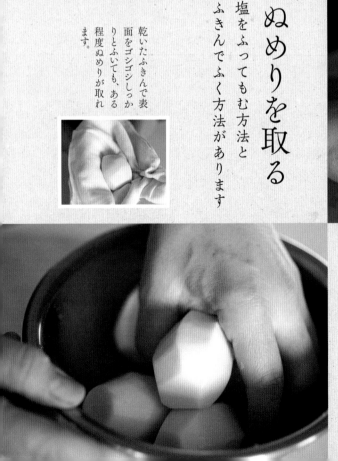

さっとゆでるだけで一品に
えのきたけとわかめのサラダ

材料と作り方（2人分）

えのきたけ…小½袋（50g）
塩蔵わかめ（洗って水で戻す）…40g
しょうゆ…小さじ2
A 柑橘類（レモンやゆずなど）の搾り汁…小さじ1
オリーブ油…大さじ1
炒り白ごま…少々

1 えのきたけは石づきを切り落とし、長さを半分に切ってほぐす。熱湯でさっとゆで、ざるに取って冷ます。わかめは一口大に切り、しょうゆと混ぜて10分ほどおく。

2 1にAを加えてあえ、器に盛って炒り白ごまをふる。

Memo
きのこは基本洗わず使います。気になるときは専用ブラシやふきんでふいて汚れを取ります。

Recipe

揚げた里いもの甘さにびっくり！
里いもの素揚げ

Memo
一度に1袋をむいてしまい、使わない分はそのまま冷凍します。冷凍したいもは繊維がくずれるためか、そのまま煮ものや汁ものに入れるといっそうやわらかな食感に。

材料と作り方（2人分）

里いも…4〜5個
塩…適量
揚げ油…適量

1 里いもは洗って乾かしてから皮をむいて、ふきんでふいてぬめりを取る。

2 揚げ鍋に1を入れ、里いもの高さの半分まで揚げ油を注ぐ。時々転がし、弱めの中火で10〜15分揚げる。竹串がスッと通るようになったら、油をきって塩をふる。

長ねぎ
Green onion

切る

ねぎは丸ごと食べられ、香りや辛みを生かして薬味や風味づけに活躍。よく使う切り方です

小口切り

長ねぎの端（小口）から薄く切ります。薄い輪切りになります。

みじん切り

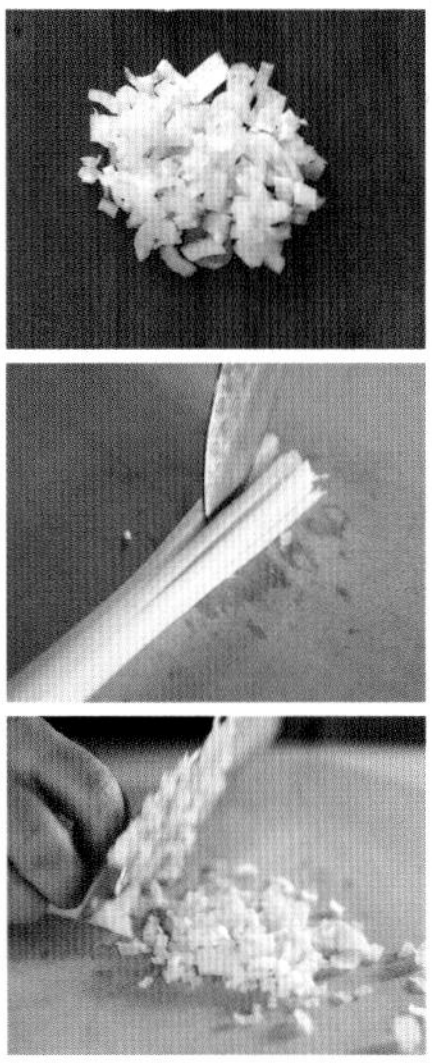

長ねぎの繊維に沿って縦に数本切り込みを入れ、端から細かく刻みます。切り込みが多いと細かく、少ないと粗みじん切りに。

白髪ねぎ

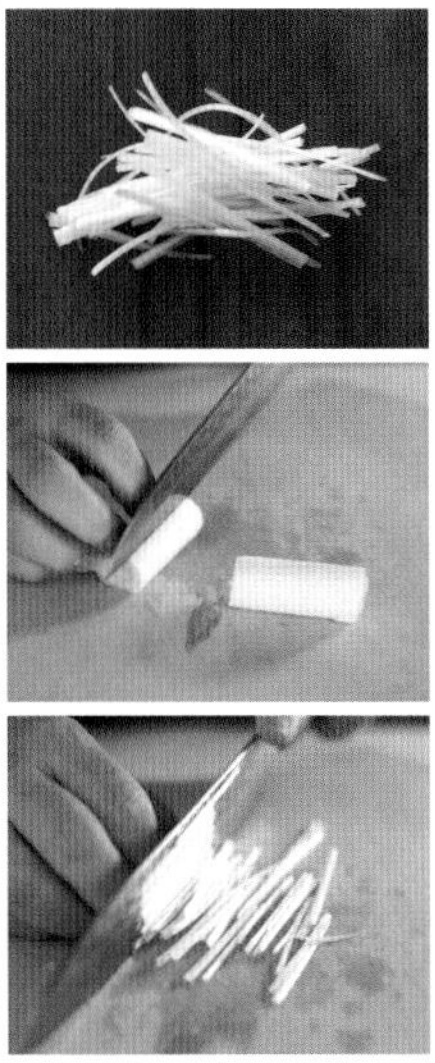

長ねぎの白い部分を4～5㎝長さに切り、縦に1本、中心近くまで切り込みを入れて開き、芯を除きます。白い部分を広げ、内側を下にして置き、端から細く切ります。冷水に5分ほどつけて、パリッとさせて水気をきります。

もやし
Bean sprouts

Memo

もやしは買ってきたらすぐに、袋の真ん中に楊枝で穴をあけ、野菜室ではなく、冷蔵室で保存しても。2～3日はシャキッとした状態に。

ひげ根を取る

ひと手間でも
ひげ根を取って。
おいしさが
数段アップします

もやしは、ひげ根をできるだけ折り取ります。冷水に5分ほどつけて、パリッとさせます。

Memo

長ねぎは丸ごと食べられます。葉ねぎやわけぎ、九条ねぎも同様。根っこもきれいに洗えば食べられるから、根に近い部分をスパッと切って捨ててしまうのはもったいない。

青い部分まで使って
梅ねぎ炒め

材料と作り方（作りやすい分量）

長ねぎ…1本
A 梅干し（種を除いてたたく）…2個分（塩分15％のもの）
 みりん…小さじ1
 薄口しょうゆ…小さじ½
米油…大さじ1

1 長ねぎは粗みじん切りにする。
2 鍋に米油と1を入れて中火で炒める。全体にしんなりとしたら、Aを加えてしっとりとするまで炒める。
＊このままごはんにのせて食べたり、焼いた肉や魚につけたり、ゆで野菜やゆで卵につけて食べます。

歯ごたえがクセになります
もやしの甘酢あえ

材料と作り方（2〜3人分）

もやし…1袋（200g）
A 塩…小さじ¼
 酢、砂糖…各大さじ1
 しょうゆ…小さじ1
赤唐辛子（小口切り）…½本分

1 もやしはひげ根を取って、冷水に5分ほどつけてパリッとさせる。
2 耐熱の容器（できれば平らな器）に厚手のペーパータオルを敷き、水気をきった1をのせ、ラップをふんわりとかけて電子レンジに5分かける。
3 ボウルにAを合わせ、2が熱いうちに加えてあえる。

ペーパータオルを敷いてレンジにかけると水気を吸い、水っぽくならない。

レタス
Lettuce

さっとゆでる

生で食べるだけではもったいない。火を通してもおいしいです

レタスは手で大きくちぎり、冷水につけてパリッとさせます。熱湯に入れたらひと混ぜして、しんなりしたらざるに上げます。

Memo

ザクザクッと音が出るほど歯ざわりのよい生レタスと、やわらかな中にもシャキッとした口当たりの火を通したレタス。両方の味わいが魅力。レタスは切り口から傷み、色も味も落ちるので、早めに食べきること。スープやみそ汁の具にします。

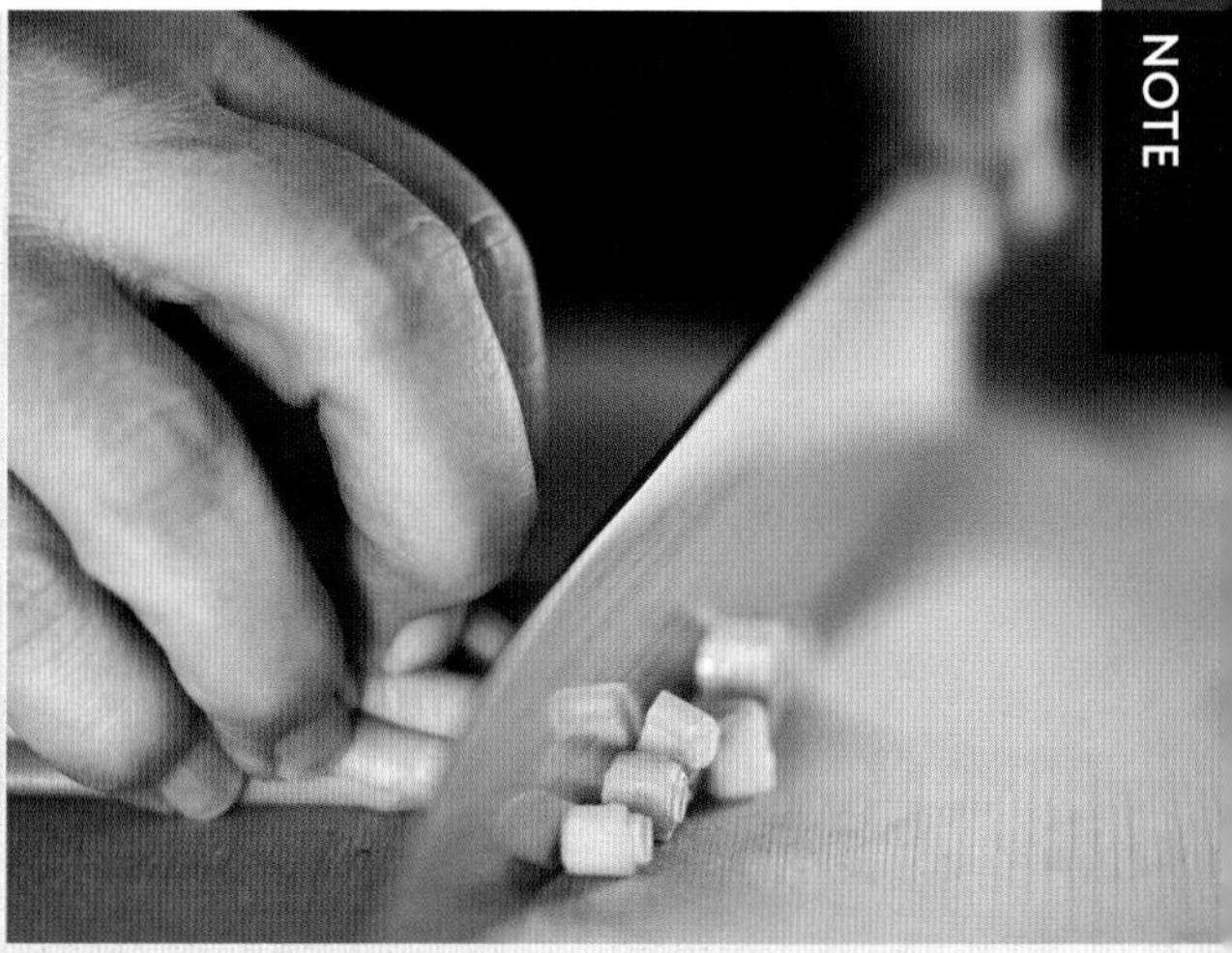

根元を切る

切り落とすのは、根元の堅い部分だけ。白い部分も食べられます

根元の堅い部分を1㎝くらい切り落とし、あとは料理に合わせた長さに刻みます。

保存するなら にらじょうゆ

材料と作り方（作りやすい分量）

にら…½束（50g）

A 長ねぎ（白い部分。粗みじん切り）…½本分
しょうが（みじん切り）…1かけ分
しょうゆ…大さじ5
砂糖…小さじ2
酢…大さじ1

1 にらは根元を1㎝切り落とし、白い部分から小口切りにする。

2 保存容器に1とAを入れて混ぜ合わせ、1時間ほどおいて味をなじませる。

＊保存は冷蔵庫で、約1週間。中華あえめん（p55参照）、焼きそば、野菜炒め、肉炒めなどの味つけに使えます。

ゆでたてのレタスにあんをかけて、温かいうちに食べる。

ゆでてもシャキシャキ！ 温レタスの帆立あんかけ

材料と作り方（2人分）

レタス…½個
帆立缶…小1缶（80g）
しょうゆ…少々
片栗粉…大さじ1

1 レタスは手で大きくちぎり、冷水につけてパリッとさせる。

2 小鍋に帆立を缶汁ごと入れ、水⅔カップを加えて火にかける。煮立ったらしょうゆで味をととのえ、倍量の水で溶いた水溶き片栗粉でとろみをつける。

3 熱湯にレタスを入れてさっとゆで、ざるに上げて水気をきる。熱いうちに器に盛り、2をかける。

Recipe

にら

Chinese chive

にらじょうゆで 焼き飯

材料と作り方（1人分）

1 フライパンに米油小さじ2を熱してごはん茶碗1杯分を入れ、塩一つまみをふって炒める。ほぐれてきたらにらじょうゆ大さじ2〜3を加えてよく炒める。

2 ごはんを端に寄せ、空いた部分に卵1個を割り入れる。軽く混ぜてからごはんとよくからめて、パラッとするまで炒める。

いつもの野菜をムダにしないコツ①

ほうれん草、小松菜

Spinach, Komatsuna

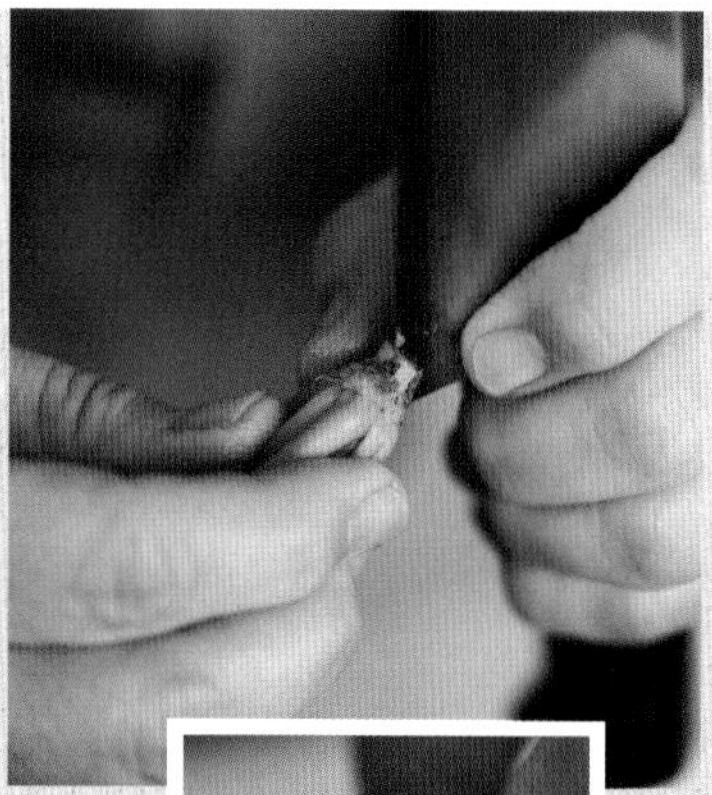

洗う

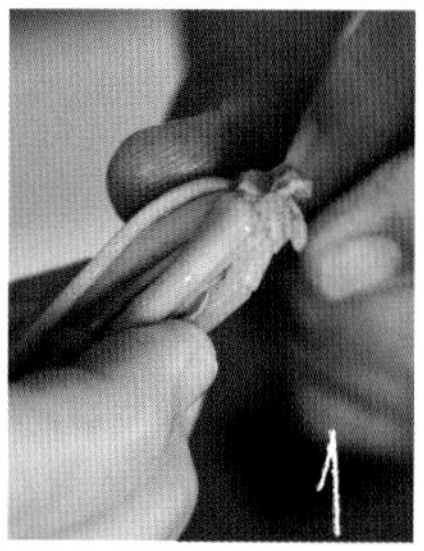

1 根があれば切り落とし、根元に深さ1㎝ほどの切り込みを入れます。太いものは十文字に、細いものは1本で。

2 たっぷりの水の中に根元を入れ、ふり洗いして根元の泥を落とします。それから葉を洗います。根元に切り込みを入れることで、加熱調理したときにむらなく、早く火が通ります。

絹さや、スナップえんどう

Snow peas, Snap garden peas

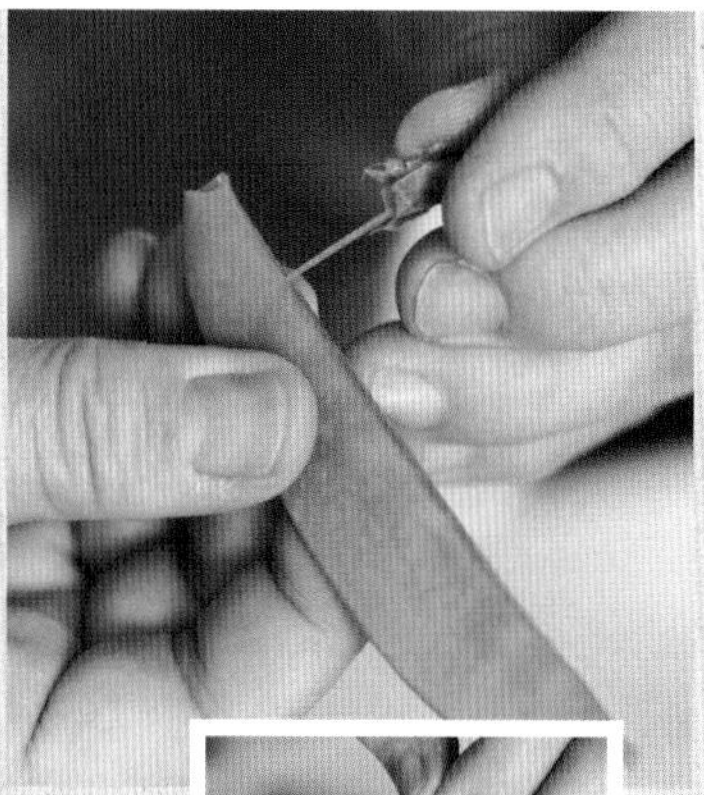

筋を取る

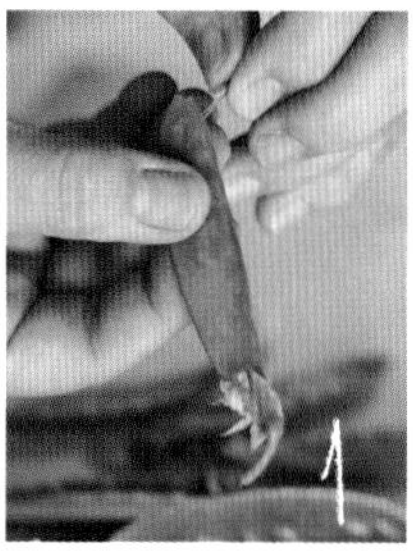

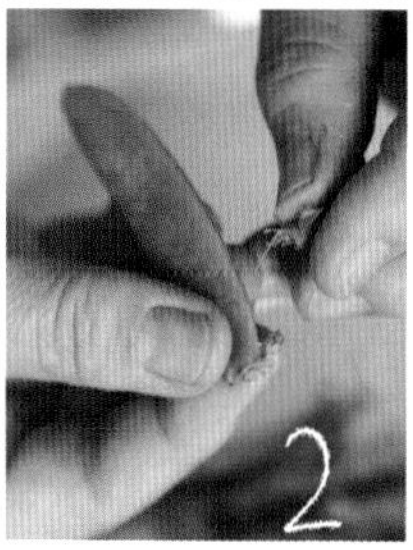

1 先にお尻（花落ち）のほうから。お尻の部分を少し折り、そのまま下に引いて筋を除きます。

2 それからヘタのほうから同様にして筋を除くときれいに取れます。

しし唐

Sweet green pepper

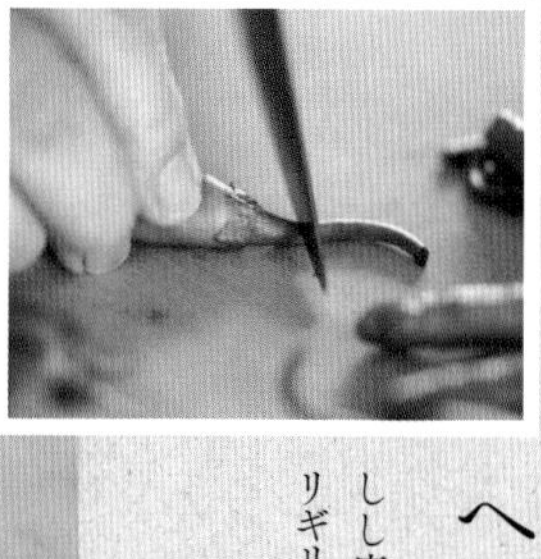

ヘタを切る

しし唐は長いヘタを、頭ギリギリで切り落とします。

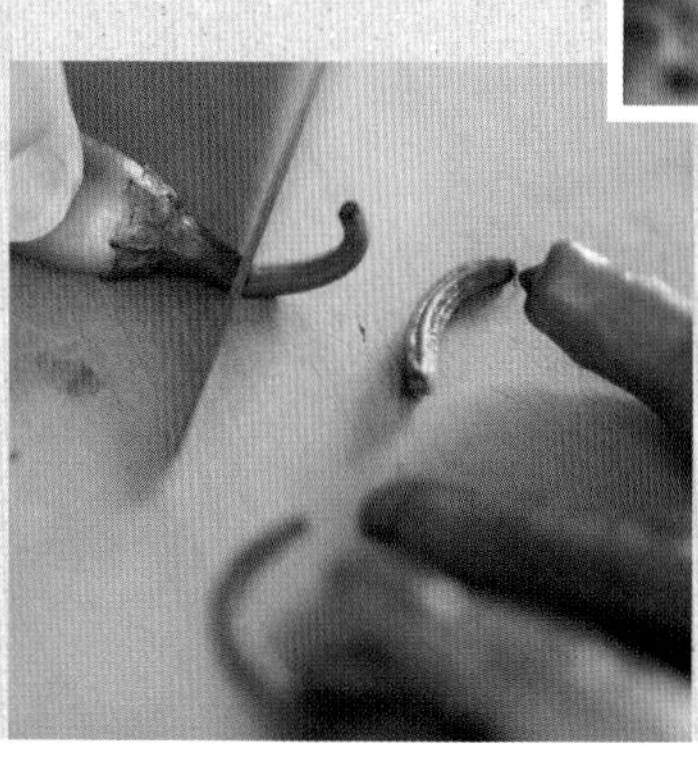

グリーンアスパラガス

Green asparagus

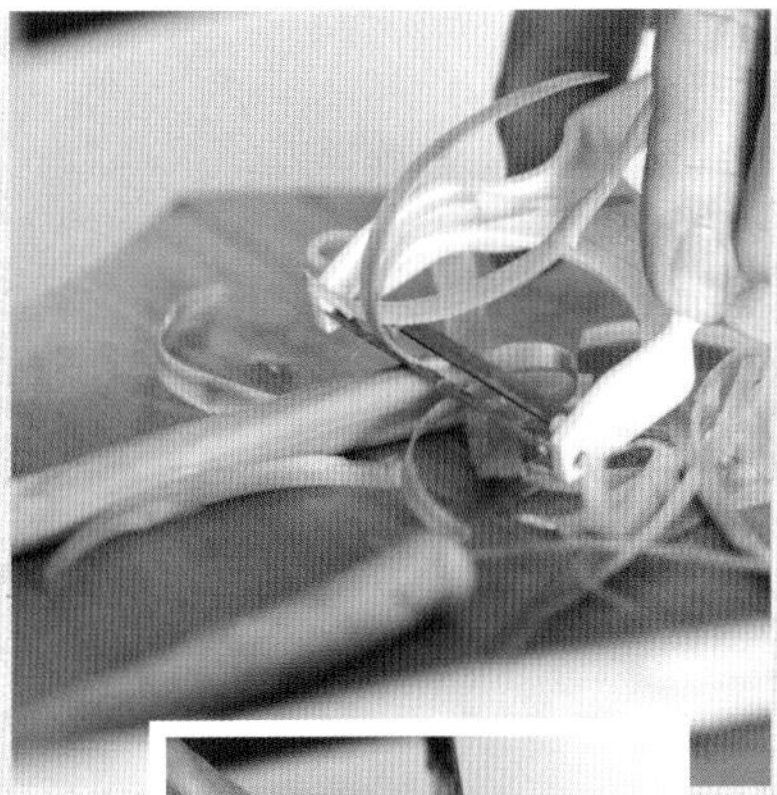

皮をむく

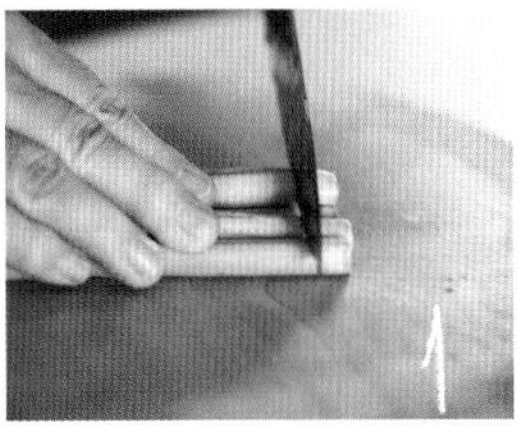

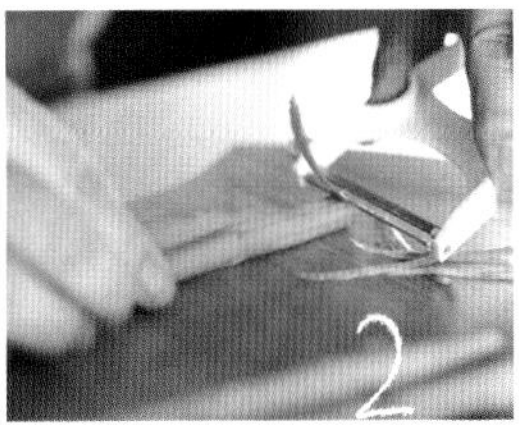

1　根元を1cmほど切り落とします。

2　下1/3ほどは皮が堅いので、ピーラーでむきます。
↓切り落とした根元、皮はベジブロスへ（P44参照）。

ブロッコリー、カリフラワー

Broccoli, Cauliflower

小房に分ける

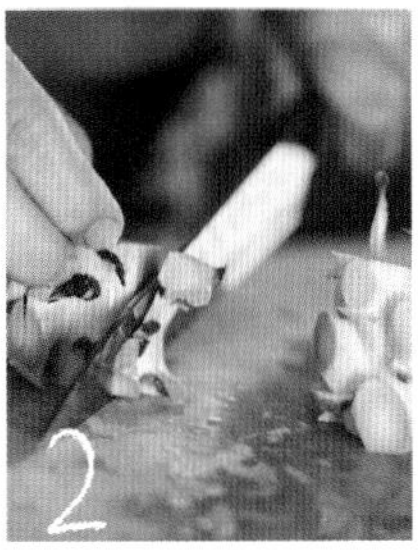

1　小房に分けるとは、房が集まったものを適当な大きさに分けること。茎から出ている花房の根元に包丁で切り込みを入れ、一つずつ切り離して小房に分けます。房を小さくしたい場合は、ゆでてから切り分けるとバラバラになりません。

2　茎は長い場合は半分に切り、皮を厚くそぎ切りします。中のやわらかい部分は食べられます。↓切り落とした根元、皮はベジブロスへ（P44参照）。

玉ねぎ

Onion

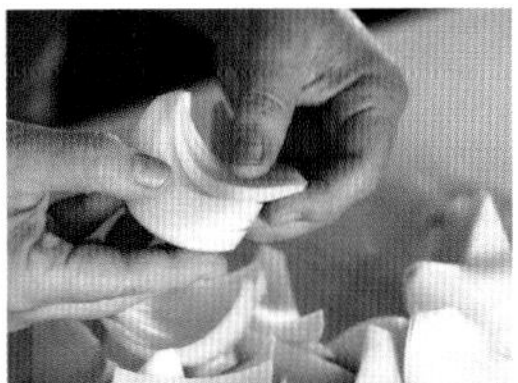

切ってほぐす

芯をつけたまま使いたいとき以外、特に炒めるときは、切ったらほぐしてバラバラにしておきます。火の通りが均一になります。

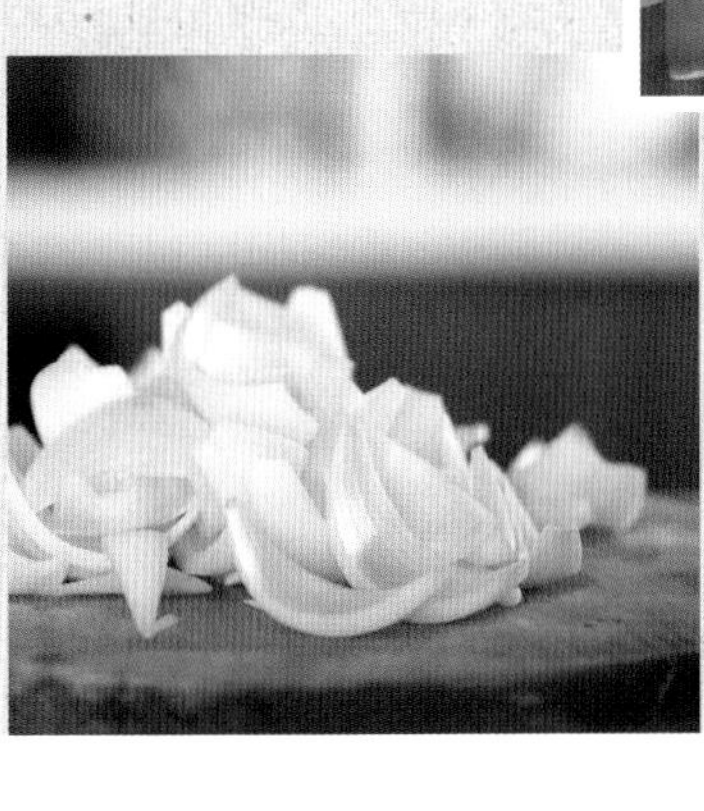

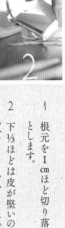

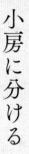

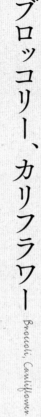

Kazuwo's NOTE

いつもの野菜をムダにしないコツ②

れんこん

Lotus root

皮をむく

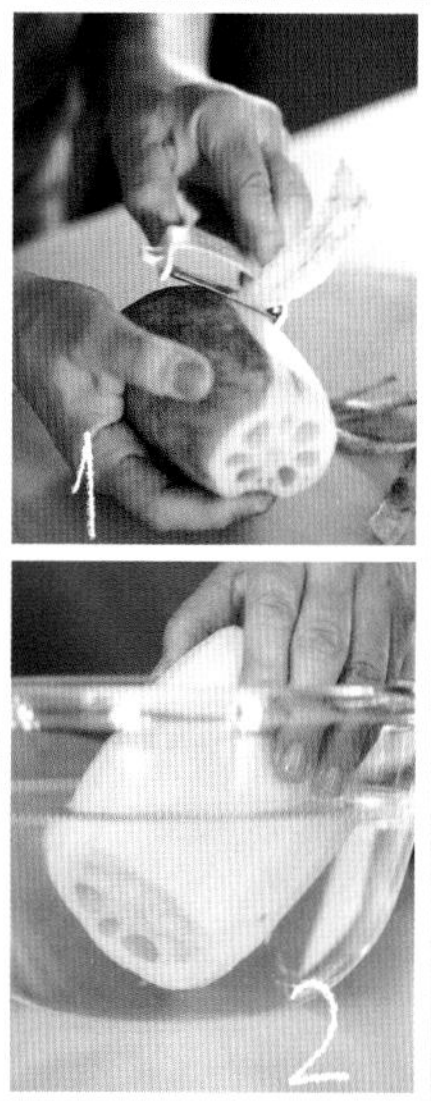

1 れんこんは繊維に沿ってピーラーで皮をむきます。

2 変色しやすいので、皮をむいたらすぐに水に5分ほどつけてアクを抜きます。酢水ではなく、水で十分です。

ごぼう

Burdock

洗う

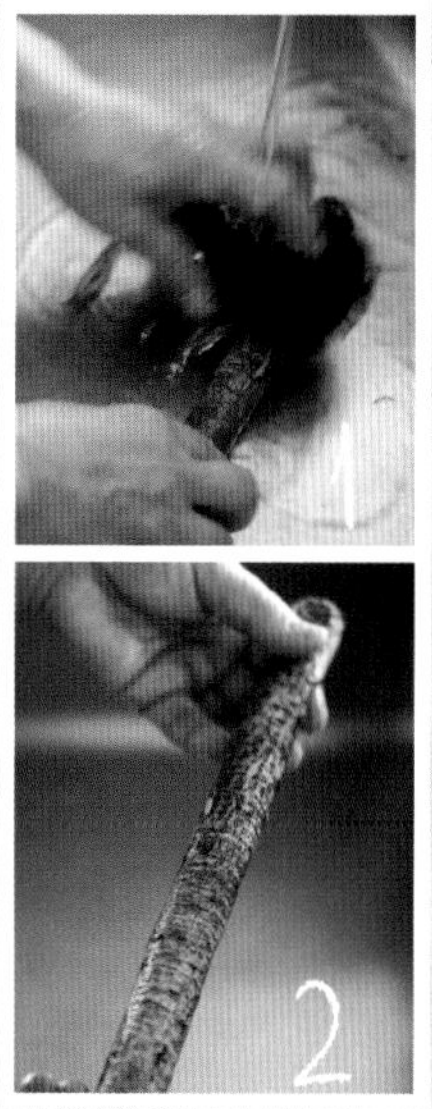

1 流水の下で、たわしなどでこすりながら洗います。

2 皮からいいだしが出るのでこそげすぎないこと。ただし、白く仕上げたいときや煮汁にごぼうの色を出したくない場合は、皮をむくかこそげます。

かぶ

Turnip

洗う

かぶの茎をつけて料理するときは、流水の下で竹串を使って茎の間の汚れを落とします。

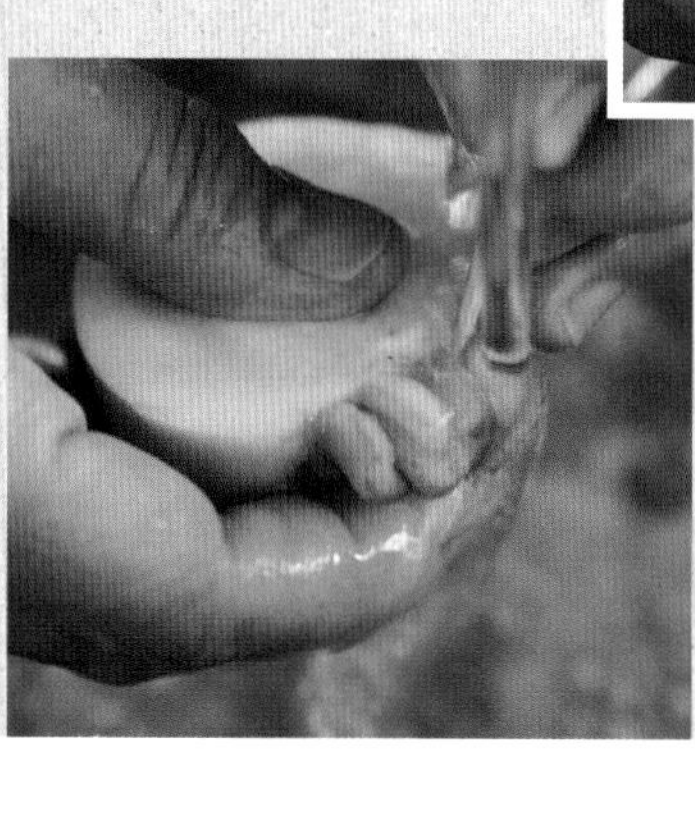

じゃがいも

Potatoes

芽を除く

じゃがいもは、ほうっておくといつの間にか芽が出てきます。芽が伸びると味が落ちるので、出てきたらすぐに折り取って保存を。

根つき野菜

Rooted vegetables

再生させる

せりや三つ葉、豆苗など根がついた野菜は、切り落とした根を水につけておくと、もう一度伸びてきます。水は根がつかるくらいで、毎日替えます。伸びてきたら切って料理の彩りやトッピングに。

長いも

Yam

ひげ根を焼く

長いもは皮つきのまま食べられます。細いひげ根が口に当たるので、火にさっと当てて焼き切り、洗って使います。

Column

台所の小さな工夫①

野菜くず

皮や根っこも合わせて煮出せばおいしいだしに

野菜の皮や根っこ、堅い茎、種など料理に使わない、いつもは生ゴミとして捨てている部分を集めて、水から煮出してベジブロスを取ります。野菜のうまみがギュッとつまった味になり、これをベースにスープ、鍋のだし、雑炊やめんの汁にしたり、煮もののだしとして使ったりします。どんな野菜もOK。特にねぎ類、にんにくやしょうがなどの薬味野菜の皮が入ると香りよく、全体がまとまります。ただし、ゴーヤのワタと種、かんきつ類の皮や種はたくさん入れると苦みが出ることもあるので加減して使っています。

ベジブロスの取り方

1 鍋に野菜くずを入れ、かぶるくらいの水を加えて中火にかける。沸騰してきたら弱めの中火で、15分ほど煮出す。

2 ざるでこしてスープを取り、塩で薄く味をつける。

*保存は冷蔵庫で、日持ちは2～3日。

そのまま塩、こしょう各少々を加えてスープにしても。

Eggs, Konjac, Tofu

2章

「卵・こんにゃく・豆腐類」の工夫

卵は身近で手軽な素材でありながら、案外やっかい。火が通りやすいから、目を離さず調理します。ゆで卵のゆで時間はあくまでも目安。グラム数、卵黄と白身の割合、殻が厚いか、薄いか、お鍋の大きさや火加減で差が出るほど繊細。何度も試して、ご自身の時間を見つけてください。

こんにゃくは下ゆで、から炒りをすることで、独特の臭みが取れ、味がよくしみます。ひと手間ではありますが、ここは大事なプロセスとして、省かずに。こんにゃくは包丁で切るか、手でちぎるかで、断面が違うため、味の含みが違うこともぜひ試していただきたい。

豆腐はやっこでも水切りします。お皿に移して薬味をのせるころには豆腐から水気がじわっと出て器の底にたまり、しょうゆをかければ味は薄くなります。汁ものにもそのまま入れると豆腐の水分が出て、汁が薄まることを頭に入れておいて。

油揚げや厚揚げの油はうまみとし、基本的に油抜きはしません。油を抜いたほうがさっぱりとでき上がるいなりずしなどは油抜きし、そのほかは油をうまみとして調理します。水気があればふく、またはさっと湯通しするなど、その都度ちょっとしたことですが、省かずに対応してみてください。

Kazuwo's NOTE

卵 Egg

ゆでる

熱湯からゆでると
殻がむきやすく
ゆで時間もわかりやすい。
半熟7分、かたゆで12分

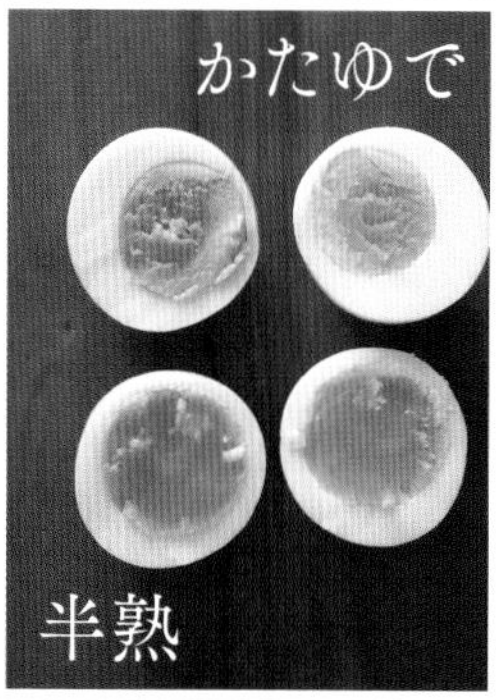

沸騰した湯に、冷蔵庫から出して常温においた卵を静かに入れます。黄身が真ん中にくるように最初は軽く卵を転がしてゆでます。ゆで時間は卵1個65gのもので、半熟なら7～8分、かたゆで12分。冷水に取って冷まし、殻をむきます。

薄焼き卵を焼く

まとめて焼いて、
冷凍保存。
お弁当などの彩りに

材料（12×18㎝のもの4～5枚分）
卵… 2個
塩、砂糖… 各一つまみ
米油… 小さじ1

1 卵に塩、砂糖を加え、白身を切るようによくほぐす。

2 卵焼き器を熱して米油をなじませ、卵液の1/4～1/5量を流し入れて広げる。卵が焼けて端がめくれてきたら返し、さっと焼く（焼きすぎないこと）。底を上にしたざるの上に取り出し、冷ます。同様にして全部で4～5枚焼く。

菜箸を立てて箸先を底に当てて混ぜると白身がよく切れます。

菜箸を卵の下に入れて引き上げ、一気に返します。

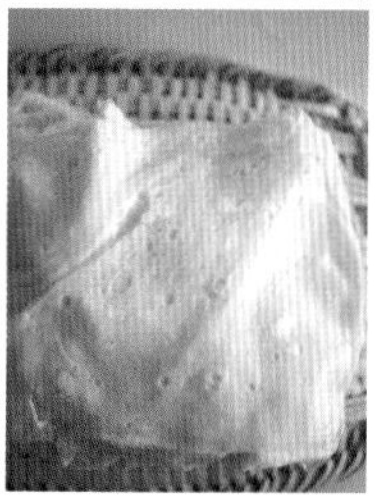

もう一面はさっと焼き、焼きすぎないように。ひっくり返したざるの上にのせて冷まします。

Memo

作るときにはまとめて作り、切らずに丸めてジッパーつき保存袋に入れて冷凍保存。日持ちは約1週間。自然解凍してから切ってお弁当の彩りなどに使います。長い錦糸卵にするときはくるくると丸め、短くするなら好みの長さに切り、端から細く切ります。

Recipe

卵があれば
ごちそうトーストに

卵のトースト2種

ゆで卵のせトースト

材料と作り方（1人分）

1 食パン1枚はオーブントースターで焼き、バターとマヨネーズ各適量をぬる。

2 好みの量の塩にんじん（p15参照）をのせ、縦半分に切ったゆで卵1個分をのせ、粗びき黒こしょうをふる。

錦糸卵トースト

材料と作り方（1人分）

1 食パン1枚にバターとマヨネーズ各適量をぬり、スライスチーズ1枚をのせてオーブントースターでチーズが溶けるまで焼く。

2 薄焼き卵1枚を細く切ってのせる。

Kazuwo's NOTE

ちぎる

味がしみ込むように
手でちぎって
ギザギザにします

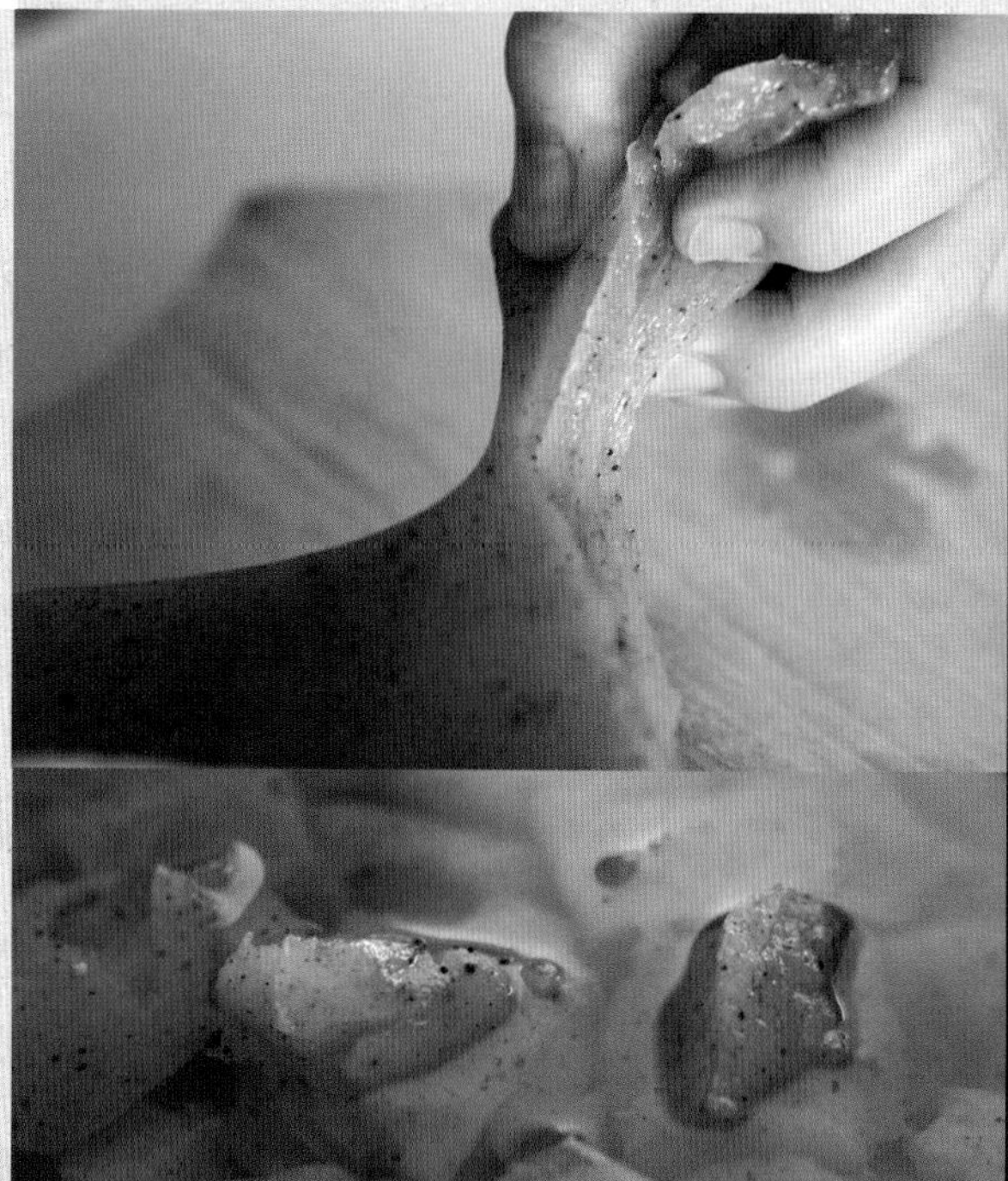

こんにゃくを切るときは包丁でスパッと切るよりも、手でちぎると切り口がギザギザになって味がしみ込みやすくなります。

こんにゃくの仲間、糸こんにゃくは、キッチンばさみで食べやすい長さに切ります。

Memo

おでんや汁ものに入れる場合は下ゆでし、炒めたり、炒め煮にする場合はから炒りして臭みを抜きます。味の含みもよくなるための下処理です。

アク抜きする

ゆでるかから炒りで。
アク抜き済みのものも
ぐっとおいしくなります

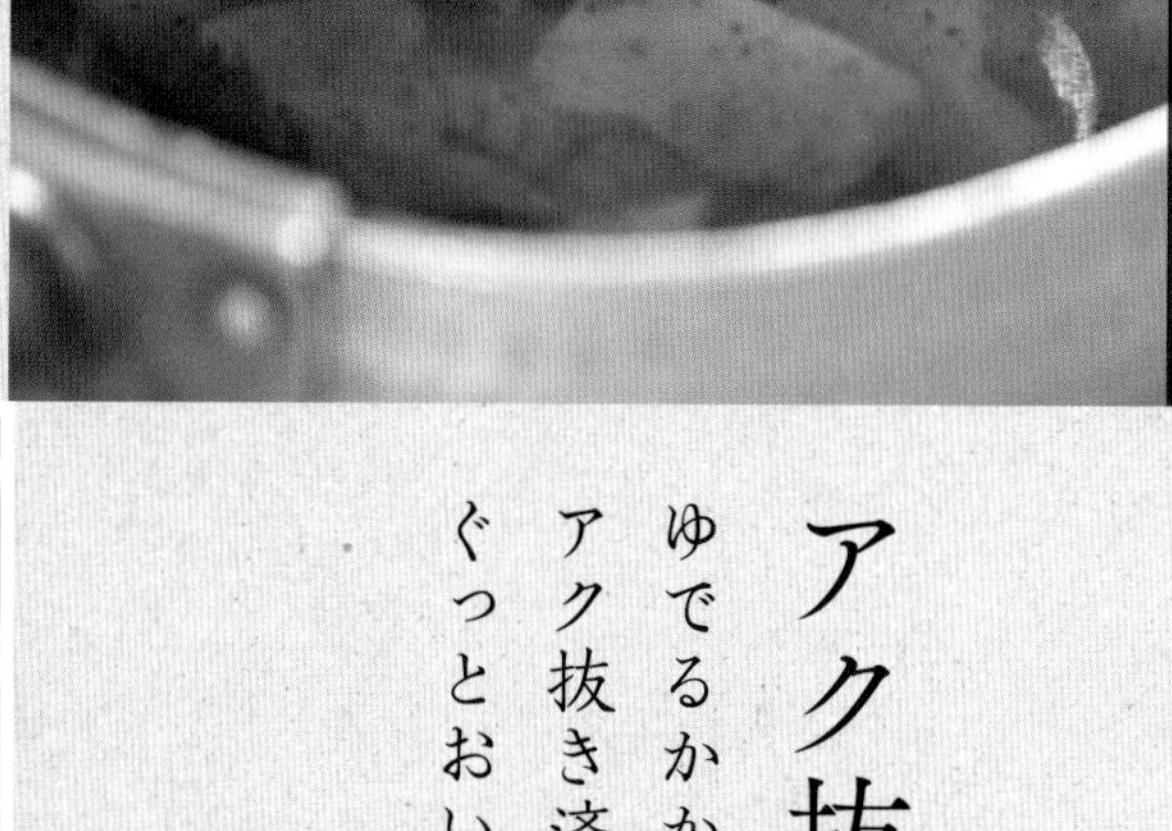

こんにゃくは鍋に入れ、かぶるくらいの水を加えて火にかけ、沸騰したら5分ほどゆで、ざるに上げます。糸こんにゃくも同様に、アク抜き済みのものも、下ゆでしたほうが独特の臭みがなくなります。

糸こんにゃくは鍋に入れて火にかけ、チリチリと音がするまで火を通して水分を飛ばすとアクは抜けます。こんにゃくも同じです。

けんちん汁

こんにゃくが主役。残った根菜の使いきりにも

材料と作り方（4人分）

こんにゃく…½枚

A ごぼう（一口大の乱切り）…100g
大根（一口大の乱切り）…100g
にんじん（一口大の乱切り）…100g
里いも（皮をむいて一口大に切る。p34参照）…小4個分
れんこん（一口大の乱切り）…100g

豆腐（軽く水きりする。p50参照）…½丁
だし汁…5カップ

B 塩…小さじ½
薄口しょうゆ…小さじ2

ごま油…大さじ1½

1 こんにゃくは一口大にちぎり、ゆでてアクを抜く。

2 大きめの鍋にごま油とA、1を入れて火にかけ、軽く炒める。全体に油がなじんだら、だし汁を加えて煮る。

3 野菜がやわらかくなったら、Bを加えて5分ほど煮る。最後に豆腐を、食べやすい大きさにちぎって加えて温める。

Recipe

こんにゃく

konjac

豆腐 Tofu

豆腐をパックから出したら、さっと洗ってペーパータオルを敷いたバットの上にのせ、5〜10分おいて表面の水気をきります。

"軽く"水きりする

冷ややっこや
煮もののときは
5〜10分おいて
"軽く"きります

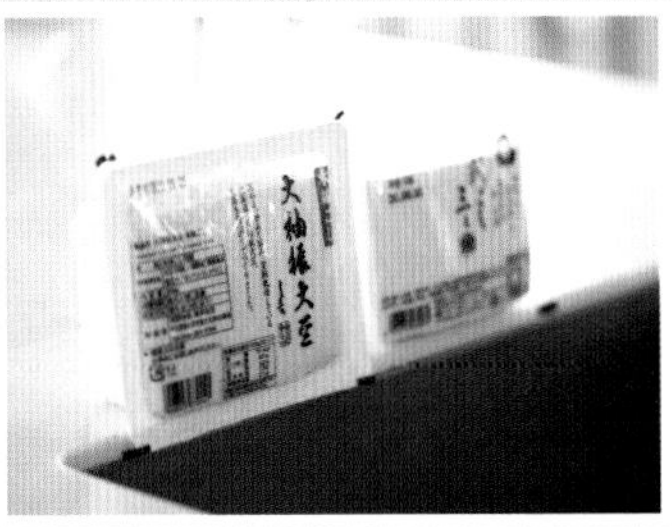

最近は、パックの上下に少しだけ切り込みを入れ、キッチンのシンクに立てておいておくという方法で水きりすることも。

"しっかり"水きりする

炒めものなどは
重石をのせて
10〜30分おきます

豆腐をパックから出したら、さっと洗って厚手のペーパータオルで包みます。上に底が平らなバットや皿をのせ、さらに石や缶詰などを重石としてのせ、10〜30分おいて水きりします。時間は料理に合わせます。

Memo

豆腐の上には底が平らなバットや皿、重石をのせます。合わせて豆腐と同じ重さを目安にしています。

豆腐のおいしさが
際立ちます
冷ややっこ

材料と作り方（1人分）
豆腐（好みのもの）…½丁（150g）
きゅうり（皮をむいてせん切り）…¼本分
長ねぎ（小口切り）…適量
しょうが（せん切り）…少々
しょうゆ…適量

1 豆腐は軽く水きりし、器にのせる。
2 きゅうり、長ねぎ、しょうがをのせ、しょうゆをかけて食べる。

Recipe

カリッとよく焼いて
豆腐ステーキ

材料と作り方（2人分）
豆腐（好みのもの）…1丁（300g）
塩…小さじ¼
片栗粉…適量
米油…大さじ1½
大根おろし、かつお節…各適量
ポン酢しょうゆ…適量

1 豆腐はペーパータオルで包んで重石をのせ、木綿なら20分、絹ごしなら30分ほどおいて水きりする。
2 1を5～6等分に切り、塩をふり、片栗粉をまぶす。フライパンに米油を熱し、豆腐を並べて全面をこんがり焼く。
3 器に盛り、水気を軽く絞った大根おろし、かつお節をのせ、ポン酢しょうゆまたはしょうゆをかけて食べる。

香ばしさがおいしさなので、全面がこんがりとするまでよく焼くのがポイント。

油揚げ、厚揚げ

Fried tofu
Atsuage

下ごしらえをする

水気があればふき、あとは特に下ごしらえはしません

油揚げをいなりずし用に煮るときは熱湯にくぐらせて油抜きをしますが、ほかは油抜きなどの下ごしらえは特になし。水気があるときは、ペーパータオルで表面の水気をふきます。

Kazuwo's NOTE

Recipe

香ばしさでおいしさアップ
納豆詰め焼き

材料と作り方（2人分）
油揚げ…2枚
納豆…2パック
A 長ねぎ、万能ねぎ、しし唐（みじん切り）…各適量
しょうゆ…小さじ½

1 納豆とAを混ぜる。
2 油揚げは半分に切って袋状に開き、1を等分して詰め、口を楊枝でとめる。
3 何も引かないフライパンに並べ、表面をこんがりと焼く。器に盛り、好みでしょうゆやポン酢しょうゆをかけて食べる。
＊七味唐辛子やゆずこしょうをつけて食べてもおいしい。

だし汁をしっかり含ませて
厚揚げ煮

材料と作り方（2人分）
厚揚げ…1枚
だし汁…1カップ
砂糖、しょうゆ…各大さじ1

1 厚揚げは一口大に切る。
2 鍋に1とだし汁を入れて火にかけ、煮立ったら砂糖を加え、紙ぶたをして弱めの中火で10分ほど煮る。
3 紙ぶたをはずし、中火にしてしょうゆを加え、汁気を飛ばしながら5分ほど煮詰める。そのまま冷まし、食べるときに温める。

Meat

3章

「肉」の工夫

肉は買ってきたら塩をふる、みそに漬ける、あるいは味をつけて煮ておくなど、味をつけておくとあとの調理が楽になります。ただし、牛肉は塩をしてしばらくおくと味は入りますが、やや堅くなりやすく、水気が出るので、ステーキなどは直前に味つけします。みそ漬け牛肉は、蒸し焼きにすることでやわらかさを出します。ひき肉はそぼろにしたり、丸めたり、包んだりといろんな形で調理ができ、味の確認もしやすい。鶏肉は余分な脂取りをしておくとむらなく火通りがよくなります。皮は脂を落としながらパリッと焼いて仕上げます。骨つき肉は骨に沿って切り込みを入れておくだけで肉離れがよくなり、火の通りもよい。豚の薄切り肉は塩をふっておくことで味がつくだけでなく、うまみも出て、持ちもよくなります。

厚切り肉は筋を切ると反り返ることなく、姿がきれい。かたまり肉は火の通りの確認がしにくくて心配でしょうが、火を通したあとじっくりと寝かせることで、中までしっとりと火が通ります。牛すじ肉はゆでるのに時間はかかりますが、まとめてゆでておけば肉もスープも両方おいしく食べられるので重宝します。

Kazuwo's NOTE

肉そぼろを作る

調味料と合わせて
肉そぼろに。
大パックで
たっぷりと作れば
お弁当にも重宝で、
3回以上楽しめます

ひき肉

Minced meet

冷たいフライパンにひき肉や油などを入れる。ここでは火にかけない。

全体を木べらで軽く混ぜてから火にかける。

ひき肉をほぐしながら、火を通していく。マッシャーを使うとほぐしやすい。

肉に火が通ってポロポロになったら調味料を加え、味をからめて仕上げる。

甘辛味のおかずの素に

鶏そぼろ

材料と作り方（5〜6人分）

鶏ひき肉…600g
A しょうが（みじん切り）…2かけ分
 酒…1/4カップ
 砂糖…大さじ2
 米油…大さじ1
 しょうゆ…大さじ3

1 深めのフライパンにひき肉とAを入れ、軽く混ぜて全体をなじませて中火にかける。ほぐしながら炒め、火を通す。

2 ひき肉がポロポロになったら、しょうゆを加えて味をととのえ、汁気がほんの少し残るくらいで火を止める。冷まして保存容器に入れて冷蔵保存。日持ちは約1週間。冷凍保存なら日持ちは約2週間。

Memo

2人分のアレンジ料理を3回できるくらいの分量。ひき肉は豚肉や牛肉でもよく、みそ味やソース味など、好みの味つけで作っても。

甘い卵焼きと
甘辛味のそぼろは
相性抜群

三色丼

材料と作り方（2人分）

1　薄焼き卵（p46参照）1枚は細く切る。さやいんげん4～5本は熱湯でゆで、冷まして縦半分に切り、3～4cm長さに切る。

2　器に温かいごはんを茶碗2杯分盛り、鶏そぼろ適量と1をのせる。

＊青いものがなかったら、二色丼でもいいし、刻みのりや紅しょうがを散らしても。

鶏そぼろがあれば
ササッと一品に

中華あえめん

材料と作り方（2人分）

1　もやし1袋（200g）はひげ根を取り、冷水につけて水気をきる。耐熱の容器に入れてラップをし、電子レンジに5分かける（p37参照）。

2　中華生めん2玉は熱湯でゆで、冷水に取ってよく洗い、水気をきって器に盛る。鶏そぼろ適量と1をのせ、にらじょうゆ（p38参照）適量、ごま油小さじ2をかけ、あえて食べる。

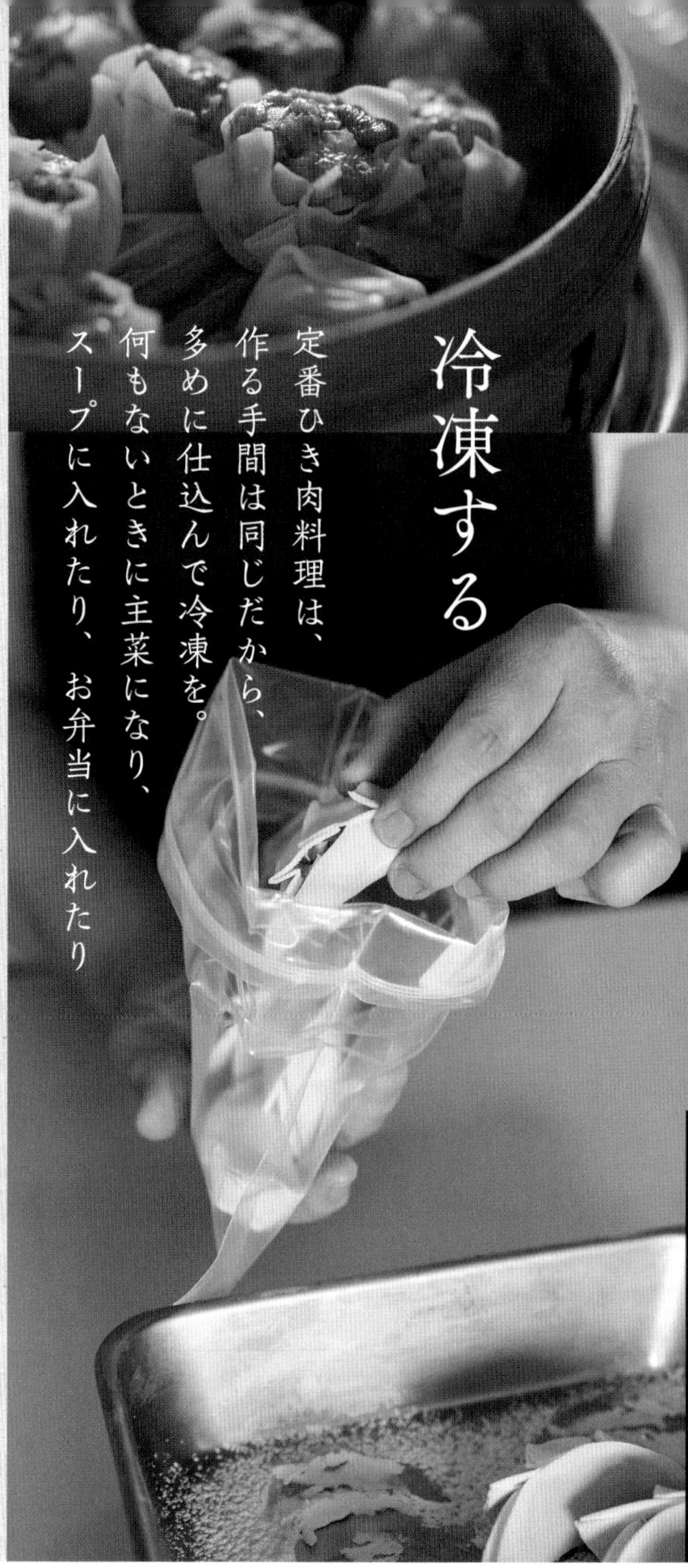

冷凍する

定番ひき肉料理は、
作る手間は同じだから、
多めに仕込んで冷凍を。
何もないときに主菜になり、
スープに入れたり、お弁当に入れたり

Kazuwo's NOTE

餃子

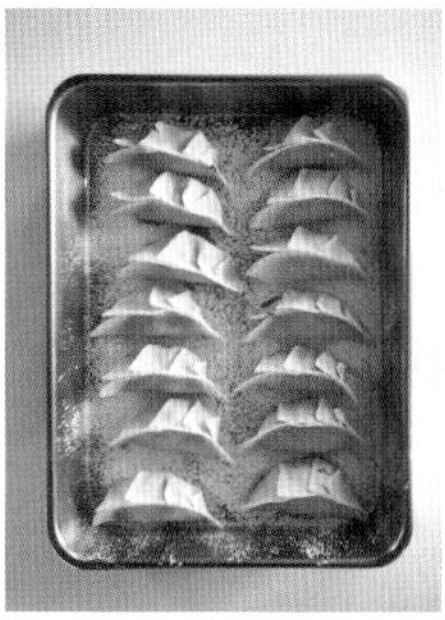

餃子は生で冷凍。バットに片栗粉をふり、餃子を並べます。水滴がつかないようラップなしで、1時間ほど冷凍庫に入れます。

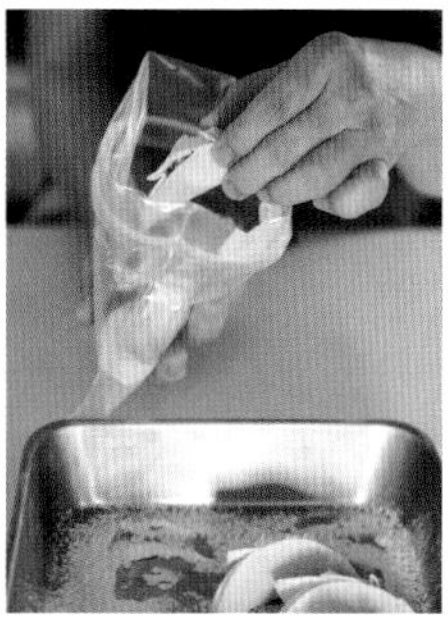

凍ったら1個ずつはずし、ジッパーつき保存袋に入れます。

これで冷凍保存し、日持ちは約2週間。1個ずつに分かれているので、好きな個数を取り出すことができます。冷凍のまま焼いたり、スープに入れたりします。

Recipe

餃子

材料と作り方（52個分）

1 キャベツ⅓個はみじん切りにし、塩小さじ¾強をふって軽くもんでしばらくおき、水気を絞る。玉ねぎ小1個は粗みじん切り、にら⅔束は小口切り、しょうが1かけはみじん切りにする。

2 ボウルに豚ひき肉300g、1、塩小さじ⅓、しょうゆ、ナンプラー各小さじ2、ごま油、片栗粉各大さじ1½を入れ、よく練り混ぜる。

3 餃子の皮2袋（52枚）に2をのせ、周囲に水をぬってひだを寄せて包む。

＊焼き餃子にするなら、油を引いたフライパンで底を焼き、水を加えてふたをして蒸し焼きにする。水気がなくなったらふたを取り、底がカリッとするまでさらに焼く。

シュウマイ

材料と作り方（30個分）

1 干ししいたけ3枚は水で戻して軸を除き（p92参照）、みじん切りにする。玉ねぎ1個はみじん切りにする。

2 ボウルに豚ひき肉350g、1、しょうゆ小さじ1、塩小さじ1、片栗粉大さじ2を入れ、練り混ぜる。

3 シュウマイの皮1袋（30枚）に2をのせて包む。蒸し器に並べ、強火で7〜8分蒸す。

ひき肉

Minced meat

シュウマイ

シュウマイは蒸してから冷凍。蒸し上がったら粗熱を取り、保存容器に入れるか、数個ずつラップで包みます。これで冷凍保存し、日持ちは約2週間。電子レンジにかけるか、蒸し器で温めて食べます。または冷凍のまま焼いたり、揚げたりしても。

Memo

肉だねは必ず味見をしてから皮で包んだり、焼くこと。でき上がってからでは味の調整が難しいので、一口分を耐熱容器に入れて電子レンジにかけ、味の確認をして次の工程に進みます。

ハンバーグ

ハンバーグは焼いてから冷凍。粗熱を取り、保存容器に入れるか、1個ずつラップに包んで冷凍保存し、日持ちは約2週間。凍ったまま蒸し焼きにしたり、トマトソースなどと合わせて煮込みます。お弁当用に小さめのハンバーグを作っておくと便利です。

肉だんご

肉だんごは煮てから冷凍。粗熱を取り、煮汁ごと保存容器に入れて冷凍保存し、日持ちは約2週間。煮汁ごと温め直してスープや鍋もの（p106参照）に。だんごをそのまま食べるほか、甘辛煮やトマトソース、クリームで煮てもおいしい。

ハンバーグ

材料と作り方（5～6個分）

1 玉ねぎ大1個はみじん切りにし、オリーブ油大さじ1で炒めて冷ます。食パン1枚（またはパンの耳2～3枚分）は、ちぎって牛乳大さじ4にひたす。

2 ボウルに合いびき肉400gと1の玉ねぎを入れ、混ぜ合わせる。卵1個、1の食パン、塩、こしょう各少々、しょうゆ小さじ1½を加えて練り混ぜる。5～6等分して丸くまとめる。

3 フライパンに米油小さじ2を熱し、2の両面をこんがりと焼き、ふたをして4～5分蒸し焼きにする。

＊サンドイッチを作った際に切り落とした食パンの耳は冷凍しておくと重宝します。

肉だんご

材料と作り方（約20個分）

1 長ねぎ1本はみじん切り、万能ねぎ6本は小口切りにする。

2 ボウルに鶏ひき肉500g、1、塩、ナンプラー、しょうゆ各小さじ½、こしょう少々、酒大さじ1、片栗粉大さじ1½を入れ、よく練り混ぜる。

3 湯3カップを沸かし、スプーンや手で2を丸めて落とし入れ、煮立ったら弱めの中火で7～8分煮る。火を止めてそのまま冷ます。

焼く

洗って、余分な
皮、脂を除いて焼く。
このひと手間で
鶏肉がおいしくなります。
シンプルなソテーで
お試しを

鶏もも肉

Chiken

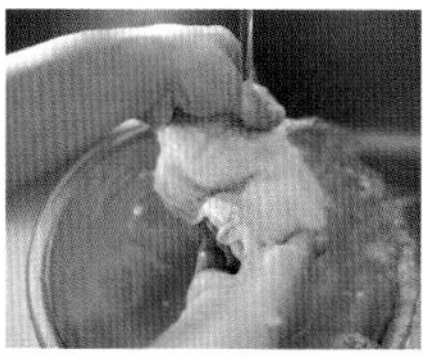

鶏もも肉はさっと洗って臭みを取り、ペーパータオルで水気をしっかりふき取ります。胸肉や手羽なども同じく、鶏肉はすべて洗ってから調理します。

はみ出した皮や黄色い脂、筋を除くと臭みも取れて、火の通りもよくなります。

煮る

食べやすく
切り込みを入れ、
切り落とした
手羽の先も一緒に
甘辛く煮つけます

鶏手羽先

Chiken

手羽先もさっと洗って臭みを取り、ペーパータオルで水気をしっかりふき取ります。

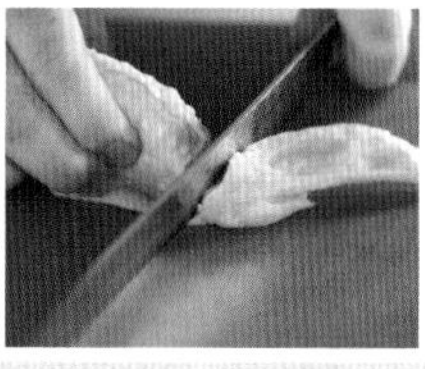

手羽先の先っぽは食べるところが少ないので切り落とします。ここも捨てずに一緒に煮るといいだしが出ます。または水から10分ほど煮出して、スープを作っても。

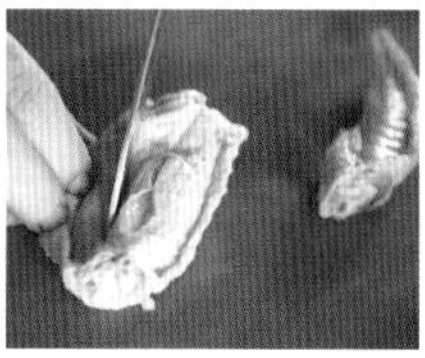

手羽中の部分は、骨に沿って、包丁で2～3本切り込みを入れます。火の通りが均一になり、肉離れがよくなります。

チキンソテー

塩味で鶏肉のうまみが引き立ちます

材料と作り方（2人分）

鶏もも肉…250gを2枚
塩…小さじ1
こしょう…少々
冷凍ミニトマト（p22参照）…16〜20個
レモンのくし形切り…2個

1 鶏肉はさっと水洗いをし、水気をしっかりとふく。余分な皮、脂を除く。塩（肉の重量の1%）をふってなじませ、10分ほどおく。こしょうをふる。

2 熱したフライパンに1の皮目を下にして入れ、皮がパリッとするまで7〜8分焼く。出てきた脂をペーパータオルで吸い取り、返す。

3 空いたところに凍ったままのミニトマトを入れて2〜3分焼き、鶏肉に火が通ったら器に盛る。ミニトマトに塩少々（分量外）をふり、レモンを添える。

＊つけ合わせは冷凍のミニトマトを。凍ったまま入れて一緒に焼きます。

手羽先の甘辛煮

手羽の先も一緒にこってりと煮つけて

材料と作り方（2人分）

鶏手羽先…8本
A 酒…1/4カップ
しょうゆ…大さじ2
砂糖、みりん…各大さじ1
はちみつ…小さじ1

1 鶏手羽先はさっと水洗いし、水気をしっかりふく。手羽先の先を関節から切り落とし、手羽中は骨に沿って切り込みを入れる。

2 鍋に1と水1/2カップを入れて中火にかけ、沸騰したらアクを除く。Aを加え、落としぶたをして弱めの中火で10分ほど煮る。

3 落としぶたを取り、はちみつを加え、鍋を揺すりながら煮汁をよくからめる。

豚薄切り肉

Pork

塩をふる

パックに入ったまま塩をふって、ラップをして冷蔵庫へ。塩豚にしておけば日持ちもして下味つけなしで調理ができます

Kazuwo's NOTE

薄切り肉（肩ロース、ロース、バラなど）はパックに入れたまま、肉の重量の1％の塩をふります。

肉にぴったりとラップを貼りつけて冷蔵保存。すぐにでも食べられるが、塩豚として食べるなら翌日からが食べごろ。

塩豚

塩は肉の重量の1％

材料と作り方（作りやすい分量）

豚薄切り肉（バラ、肩ロース、ロースなど）… 適量

塩… 適量

1　豚肉はパックに入ったまま塩をふる。肉にぴったりとラップをかけ、冷蔵保存する。日持ちは約3日。

Recipe

肉巻きごはん

塩豚のうまみが
ごはんにしみ込みます

材料と作り方（2人分）

1 炊きたてのごはん1合分は8等分し、塩少々をなじませた手で、俵形または丸くにぎる。塩豚（好みの部位のもの）8枚を、1個に1枚ずつ巻きつけ、軽くにぎってなじませる。

2 フライパンに1の巻き終わりを下にして並べ、中火にかける。少し焼いてから転がして全体を焼く。肉に火が通ったら、しょうゆ、みりん各小さじ1〜1½を加え、転がして全体にからめる。

＊肩ロースやロースだけで作る場合は、脂が少ないのでフライパンに少量の油をなじませてから焼きます。

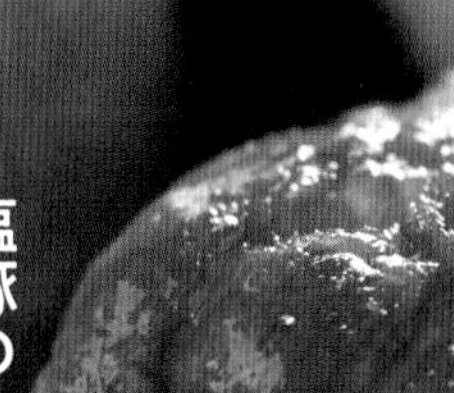

おにぎり全体に塩豚を巻きつけ、最後は軽くにぎってなじませる。

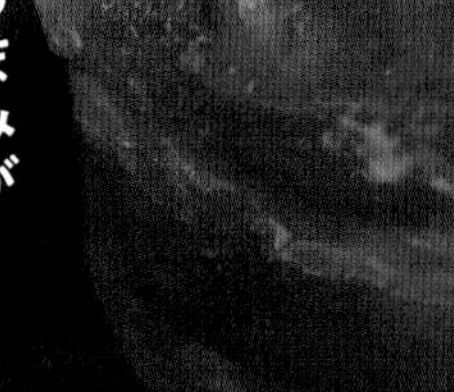

巻き終わりを下にして焼きはじめ、肉がくっついたら転がしながら焼く。

みそ漬けにする

牛ステーキ用、
豚とんかつ用は
甘めのみそだれに漬けておきます。
野菜と蒸し焼きにし、
ごちそうの完成

Kazuwo's NOTE

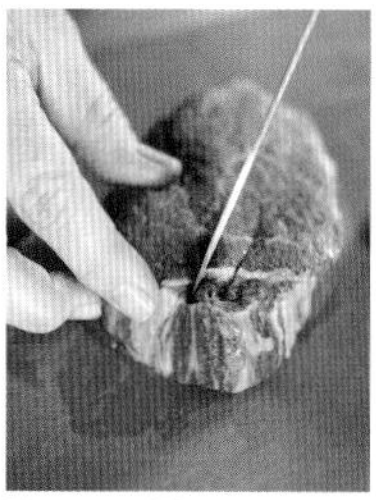

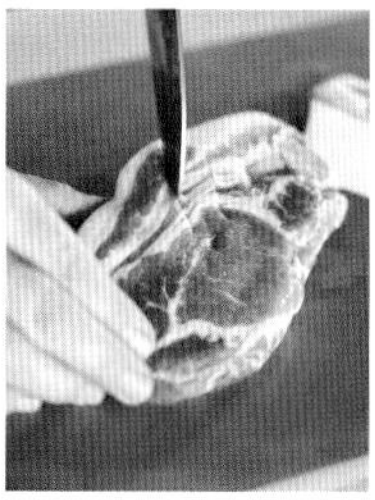

牛肉も、豚肉も焼いたときに肉が反り返らないように、脂と肉との境の筋に切り込みを入れます（筋切り）。できるだけ細かく入れるといいです。

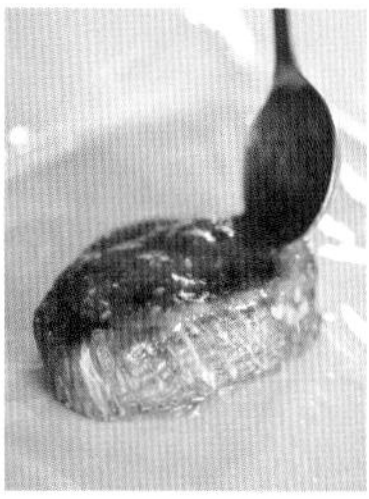

両面にみそだれがつくように、みそだれを敷いたところに肉をのせ、上面にものせます。

みそだれがはみ出さないよう、ラップでぴったりと包みます。

牛、豚 厚切り肉

Beef, Pork

豚肉で作ってもOK 牛肉のみそ漬け

材料と作り方（2人分）

牛ステーキ肉（赤身）… 120gを2枚
塩… 二つまみ
A みそ… 大さじ3
　砂糖… 大さじ1〜2
　酒… 大さじ1

1 牛肉はペーパータオルで水気をふき、筋を切って塩をふる。Aを合わせる。

2 大きめに切ったラップを広げ、Aの¼量を中心におき、肉1枚をのせ、上にもAの¼量をのせる。

3 ラップで包み、もう1枚も同様に作る。冷蔵保存なら日持ちは約3日。冷凍保存なら約2週間で、自然解凍してから焼く。

材料と作り方（2人分）

1 牛肉のみそ漬け2枚はみそだれを軽くぬぐう。フライパンに米油小さじ2を熱し、強火で両面をこんがりと焼く。

2 肉をいったん取り出し、白菜のざく切り2枚分を広げ入れる。上に肉を戻し、ふたをして5分ほど蒸し焼きにする。

3 肉は好みの厚さにそぎ切りにし、白菜とともに盛る。

＊野菜は白菜のほかにキャベツやもやしでも。

焦げやすいので表面だけ香ばしく焼き、水気のある野菜とともに蒸し焼きにする。

Recipe

つけ合わせも一緒に仕上げて

牛肉と白菜の蒸し焼き

Kazuwo's NOTE

煮る

かたまり肉は定番の煮豚に。
鍋にぎちぎちに入れて煮ると
少ない煮汁で
煮ることができてムダなしです。
そのままでごちそうになります

豚かたまり肉

Pork

Memo

タコ糸で巻いたものは形よく、肉は少し締まった感じになり、タコ糸なしは少し形がふぞろいになりますが、やわらかく煮上がります。それぞれにおいしさがあるので好みでどうぞ。

肉がきっちりと入る大きさの鍋で煮ます。まず脂の部分から焼き、脂が出てきたら全体をこんがりと焼きます。

香味野菜、酒、砂糖、水を加えて40分ほど煮て、一晩おきます。夏はできれば冷蔵庫に入れて。

固まった脂（ラード）をていねいに除きます。ラードは野菜炒めやチャーハンに使うと香りとコクが出ます。

最後にしょうゆを加えて煮て、味を含ませます。

好みの部位で

煮豚

材料と作り方（6〜8人分）

豚かたまり肉（バラまたは肩ロース）…500gを2本

A にんにく（たたきつぶす）…2かけ分
しょうが（皮つきの薄切り）…2かけ分
酒…1カップ
砂糖…大さじ3

しょうゆ…大さじ4〜5

1 豚肉は常温に20分ほどおく。

2 厚手の鍋（直径20㎝）に、脂の部分を下にして並べ、弱火にかける。脂が出てきたら中火にして全体をこんがりと焼く。出た脂はペーパータオルで吸い取る。

3 Aとひたひたの水（約2カップ）を加え、煮立ったらふたをして、弱めの中火で40分ほど煮る。ときどき様子を見て、煮汁が少なくなってきたら水を足す。一晩そのままおいて冷ます。

4 表面に白く固まった脂をていねいに除く。ふたなしで煮立て、しょうゆを加えて強めの中火で20分ほど煮詰める。そのままおいて粗熱を取る。

＊保存はかたまりのままで。煮汁ごと保存容器に入れて冷蔵保存し、日持ちは約1週間。

Recipe

できたての煮豚で
スライス煮豚

材料と作り方（3〜4人分）

煮豚1本がさわれるくらいになったら、好みの厚さに切って器に盛り、煮汁適量をかける。白髪ねぎ（p36参照）と万能ねぎの斜め薄切り各適量を混ぜて添える。練り辛子やマスタードを添えたり、葉野菜に包んで食べたりしてもおいしい。

焼く

かたまりのまま
フライパンで焼いたら、
あとは余熱で火を通すので
ほったらかしでOK。
牛たたきの完成です

牛かたまり肉

Beef

Kazuwo's NOTE

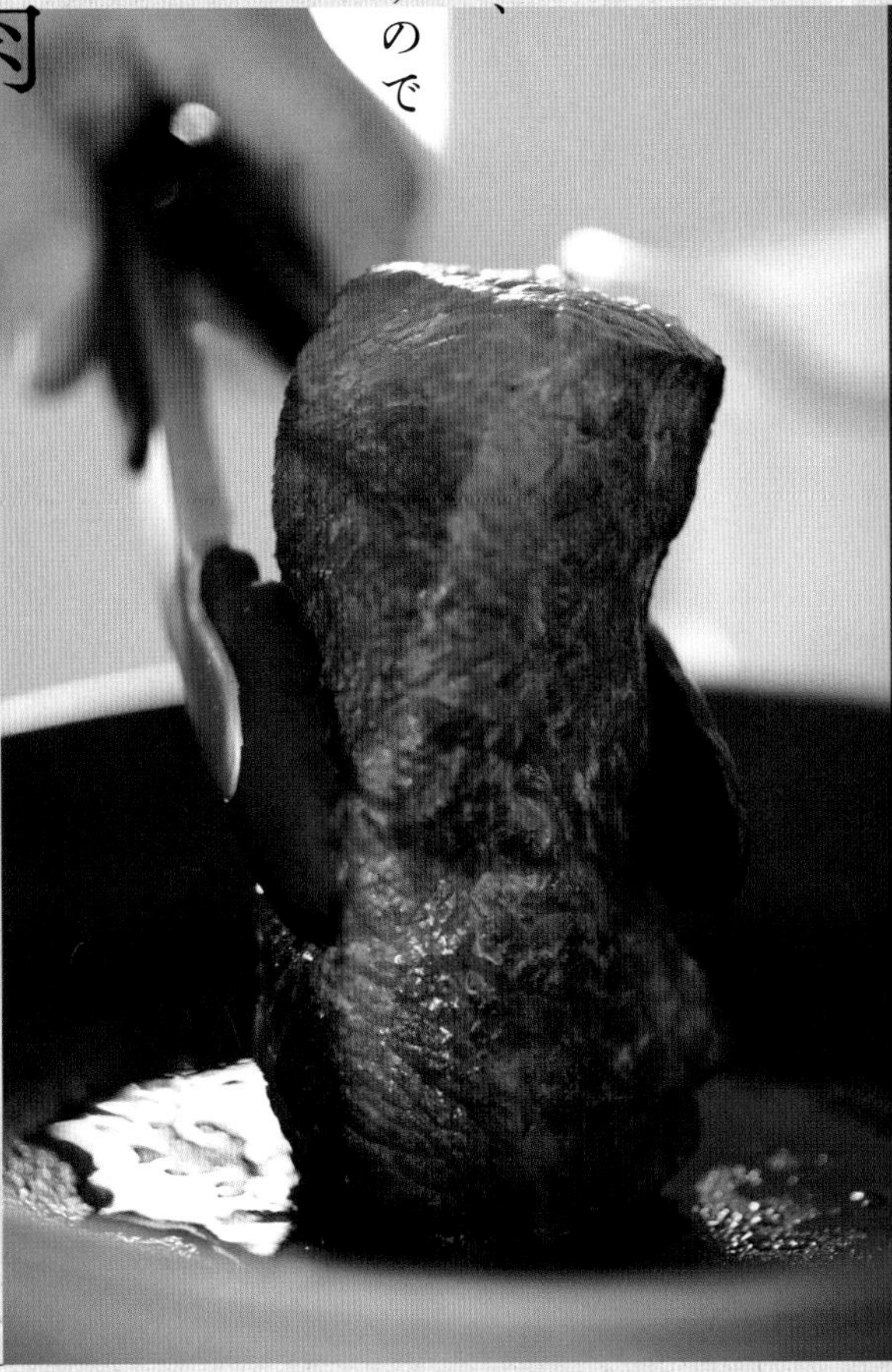

常温に戻した肉に塩（肉の重量の2％）をふります。

フライパンに入れたら15分ほどかけて6面全面をじっくりと焼きます。

すぐにアルミホイルで包み、常温に2～3時間おきます。さらに冷蔵庫に一晩おいて冷やすと切りやすくなります。

全面をじっくり焼いて 牛たたき

材料と作り方（3～4人分）

牛かたまり肉（ロース）…350g
塩…小さじ1強（7g）
＊牛肉は焼きやすい長細い形のもので。

1 牛肉は常温に20分ほどおく。
2 焼く直前に塩をすり込む。何も引かないフライパンを温め、肉を返しながら15分ほどかけて中火で全面を焼く。
3 アルミホイルで包み、2～3時間おき、さらに冷蔵庫に一晩おく。

Memo

肉は冷蔵庫から出してすぐに加熱しないこと。常温において脂がやわらかくなったくらいで調理にかかると、均一に火が通ります。もし水分や血が出ていたら、必ずふきとります。

Recipe

薬味はたっぷりと
スライス牛たたき

材料と作り方（3〜4人分）

牛たたき1本は、薄く切って器に盛り、万能ねぎの小口切り8本分を散らす。好みでわさびをつけ、しょうゆやポン酢しょうゆなどをかけて食べる。

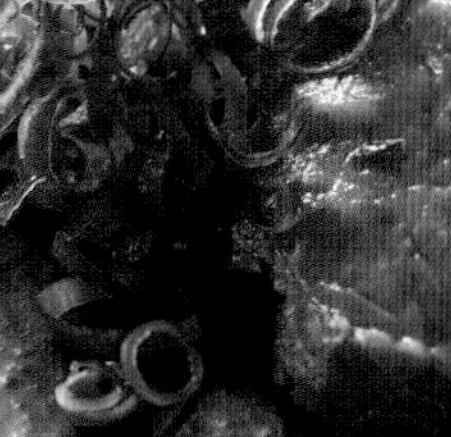

牛肉は切ってから5分ほどおくと、切り口の赤みが鮮やかになる。

Kazuwo's NOTE

牛すじ肉

ゆでる

2〜3回ゆでこぼすと驚くほど美味に。時間をかける価値ありです！やわらかくゆでておくとゆで汁までおいしく使いまわせます

まず下ゆで。たっぷりの水でゆでます。沸騰すると、アクが出てきます。

ざるに上げて湯をきり、肉を鍋に戻し、新たに水を加えてゆでます。

アクがほぼ出なくなるまで下ゆでを2〜3回くり返します。

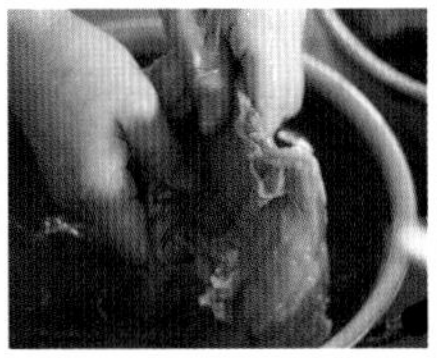

下ゆでができたら、肉は流水でていねいに洗ってアクを落とします。

食べやすい大きさに切って鍋に入れ、酒、水を加えて、十分やわらかくなるまでゆでます。

使いまわすならこの分量

ゆで牛すじ

材料と作り方（7〜8人分）

牛すじ肉…1kg

酒…½カップ

1 大きめの鍋に牛すじ肉、かぶるくらいの水を加えて沸騰させる。ゆで汁を捨て、肉を鍋に戻し、新たに水を注いで再び火にかけてゆでる。これを2〜3回くり返す。

2 肉をざるに上げ、流水できれいに洗い、食べやすい大きさに切る。

3 鍋に2と酒、かぶるくらいの水を入れて煮立たせ、弱めの中火で1時間ほど煮る。吹きこぼれるようならふたを少しずらし、ゆで汁が少なくなったら水を加え、常に肉がゆで汁につかっているようにする。

4 肉が十分にやわらかくなったら火を止める。冷まして保存容器に汁ごと入れて冷蔵保存し、日持ちは約1週間。

Memo

ゆでこぼしたり、煮ている間に肉が小さくなるので、500gで2〜3人分を目安にしてください。ゆで汁にはすじ肉のおいしいだしが出ているので、スープやおでん、鍋もののだし汁、カレーにします。

Recipe

シンプルに食べるなら
牛すじの塩煮

材料と作り方（2人分）

ゆで牛すじ適量を汁ごと小鍋に入れ、塩適量で味をつける。器に盛り、長ねぎの小口切りをたっぷりとのせ、好みで七味唐辛子をふる。

牛すじ肉

Beef

Recipe

牛すじのゆで汁が主役
温めん

材料と作り方（2人分）

1　そうめん2束は熱湯でゆで、冷水に取ってもみ洗いし、水気をきる。

2　ゆで牛すじ肉適量とゆで汁2½カップを鍋に入れて温め、塩としょうゆ各適量で味をととのえる。

3　1を加えてひと煮し、器に盛り、しょうがのせん切り1かけ分と万能ねぎの斜め薄切り適量を添える。

たっぷり作って
味をしみ込ませて

牛すじ、大根、こんにゃくの煮もの

材料と作り方（2～3人分）

1　大根½本は大きめの乱切りにし、鍋に入れてかぶるくらいの水を加えてゆでる。やわらかくなったら、ざるに上げ、水で1個ずつ洗う（p17参照）。

2　こんにゃく1枚は一口大に手でちぎり、ゆでてアク抜きする（p48参照）。

3　鍋にゆで牛すじ肉300g、1、2、牛すじのゆで汁3カップを入れて火にかける。煮立ったら弱めの中火にし、塩小さじ½、薄口しょうゆ大さじ2を加えて10分ほど煮る。そのまま冷まし、食べるときに温める。

レバー

Liver

血抜きをする

下ごしらえが肝。
氷水につけて身を締めると、
扱いやすくなり、
臭みがなくなって
おいしくなります

レバーは氷水に10分ほどつけて肉質を締めると血合いなどが取りやすくなります。氷水の中で洗って汚れを落とします。

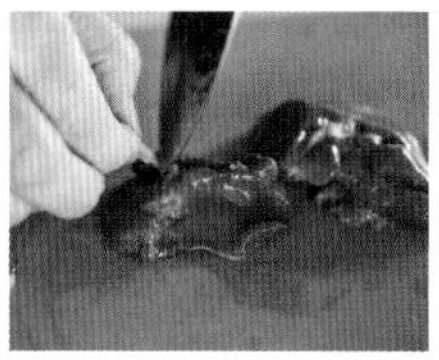

水気をしっかりふいて、一口大に切りながら、黄色い脂肪や血合いを除きます。臭みがなくなって食べやすくなります。

血抜きしたら シンプルに焼いて
レバーソテー ゆずこしょう風味

材料と作り方（2〜3人分）

鶏レバー… 200g
塩… 二つまみ
ゆずこしょう… 小さじ1
米油… 小さじ½

1 レバーは氷水に10分ほどつけ、氷水の中で洗う。水気をよくふいて一口大に切り、血合いや脂肪を除く。塩をふる。

2 フライパンに米油を熱し、1を焼く。レバーの色が変わって火が通ったら、ゆずこしょうを加えて炒め合わせる。

Seafood

4章

「魚」の工夫

魚はパックに水が出ていないものを選ぶこと。買ってきたら冷蔵庫に入れる前にさっと洗って軽く塩をしてしばらくおき、水気をふいておきます。特に内臓をつけたままの魚は要注意。内臓はすぐに取り出すことを忘れずに。臭みをまとったまま冷蔵庫に放置しては、おいしさが逃げてしまいますから。塩をふるのは大した手間ではありませんから、習慣にしましょう。

1尾でも、切り身でも、どの魚に対しても同じように下ごしらえをします。

1尾の魚をさばくのは調理の醍醐味ではありますが、そこはプロにまかせてしまうのも賢いやり方。スーパーでもお願いすれば、三枚おろしから、内臓を除くことも親切にやっていただけるので、頼みましょう。魚屋さんが近くにあれば、買うだけでなく、ささいなことも相談したり、質問をして納得してから調理にかかるとおいしさにつながります。せっかく買った魚ですから、おいしく食べる努力を惜しまずに。魚は生でも食べられ、肉に比べて圧倒的に火通りが早い時短食材。調理のポイントを省略するよりも、魚料理を積極的に献立に取り入れるほうが賢いやり方とも言えます。

切り身魚 Fish

塩をふる

洗って塩をふり、
水気をふきます。
どの魚にも共通で、
臭みが取れて、
うまみがアップします

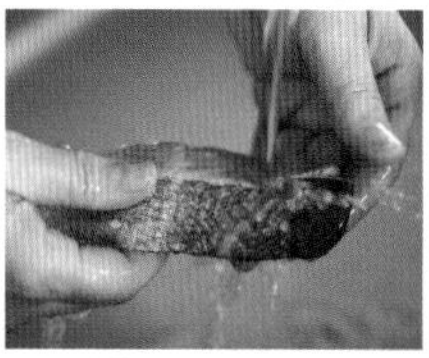

魚はさっと水洗いして、ペーパータオルで水気をよくふきます。

魚の両面に、できるだけまんべんなく塩（魚の重量の1%）をふり、10分ほどおきます。

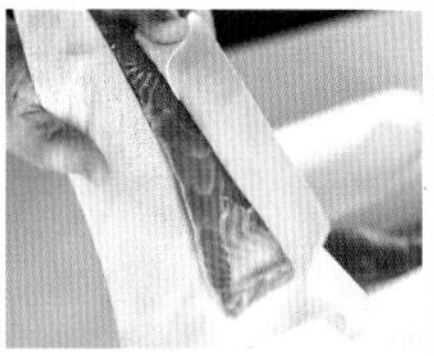

表面に出てきた水気には魚の臭みが含まれているので、ペーパータオルでしっかりふき取ります。

Memo

買ってきたらすぐにここまでやっておけば、あとはラップで包んで冷蔵保存を。翌日でもおいしく食べられます。

Recipe

鮭のほかに
鯛やさわらなどでも

切り身魚のソテー

材料と作り方（2人分）

切り身（生鮭）… 2切れ（200g）
塩… 小さじ½弱
こしょう… 少々
小麦粉… 適量
パセリ（粗みじん切り）… 小さじ1
つけ合わせ
─ じゃがいも… 1個
─ 塩… 少々
オリーブ油… 小さじ2
バター… 大さじ1

1　つけ合わせを作る。じゃがいもは皮をむいて一口大に切り、ひたひたの水からゆでる。やわらかくなったら湯を捨て、火にかけて鍋を揺すって粉をふかせ、塩をふる。

2　鮭は洗って水気をふき、塩をふって10分ほどおく。水気をふき、こしょうをふり、小麦粉を薄くまぶす。

3　フライパンにオリーブ油とバターを熱し、鮭を皮目から中火で5分ほど焼く。鮭の側面を見て、半分以上に火が通っていたら返す。身側は、2〜3分焼いて器に盛る。

4　フライパンに残った焼き汁にパセリを混ぜて鮭にかけ、1を添える。

あじ
Horse mackerel

三枚におろす

魚を三枚に切り分けることです。よく使う切り方なので、この状態を覚えてください

写真上から、上側の身、中骨のついた部分、下側の身の三枚に切り分けたものです。ソテーやフライにしたり、刺身にするときも三枚におろしてから。無理せず、魚屋さんやスーパーの魚売り場でおろしてもらいましょう。下ごしらえは切り身魚と同じ（p74参照）。

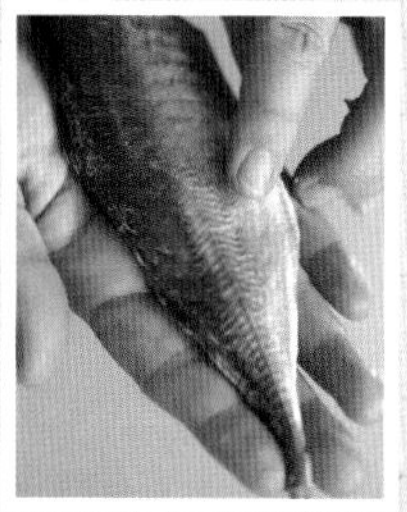

あじは尾のつけ根のほうに、〝ぜいご〟と呼ばれるうろこのような堅い部分があります。三枚におろしてもらうときに、除いてもらいます。

Memo

魚屋さんでおろしてもらったら、中骨ももらって帰ります。さっと洗って水気をふき、軽く塩をふって天日で半日ほど干し、170℃の油でカラリと揚げて骨せんべいに。

いわし
Sardines

手開きにする

身がやわらかいいわしは包丁を使わずに手で一枚に開きます

いわしの頭と腹ワタを除いて開き、中骨を除いたもの。これも慣れないうちは魚屋さんやスーパーの魚売り場でおろしてもらって。ソテーやムニエル、照り焼き、フライなどにします。下ごしらえは切り身魚と同じ（p74参照）。

Memo

その日に食べられないときは、あじも、いわしも塩（魚の重量の1%）をふって10分ほどおき、表面の水気をふきます（p74参照）。1枚ずつラップで包んで冷蔵保存し、翌日には調理します。

三枚おろしで食べやすい

あじフライ

材料と作り方（2人分）

あじ（三枚おろし）…2尾分（200g）
塩…小さじ½弱
小麦粉、パン粉…各適量
溶き卵…1個分
揚げ油…適量
レモンのくし形切り…2切れ
好みのソース、またはしょうゆ…適量

1 あじは洗って水気をふく。塩をふって10分ほどおき、水気をふく。小麦粉をまぶし、溶き卵をからめ、パン粉をしっかりつける。

2 170℃の揚げ油に入れてカリッとするまで3〜4分揚げる。

3 器に盛り、レモンを添える。レモンを搾り、好みでソースやしょうゆをかけて食べる。

＊せん切りキャベツをたっぷり添えても。

Recipe

カレー風味でつまみにも

いわしのカレーソテー

材料と作り方（2人分）

いわし（手開きにしたもの）…2尾分（240g）
にんにく（たたきつぶす）…½かけ分
塩…二つまみ
カレー粉…小さじ⅓
小麦粉…適量
オリーブ油…小さじ2
赤玉ねぎ（縦薄切り）…½個分

1 いわしは洗って水気をふき、塩をふって10分ほどおく。水気をふき、身側にカレー粉をふり、全体に小麦粉を薄くまぶす。

2 フライパンにオリーブ油とにんにくを入れ、弱火にかける。香りが出たら、いわしを皮目から中火で焼く。カリッと焼けたら返して、身側はさっと焼く。

3 器に赤玉ねぎを敷き、2をのせる。好みでにんにくを添える。

さばく

複雑そうですが、
胴と足、えんぺらに
分ければよいので
自分でさばいてみて。
皮はむかなくてOK

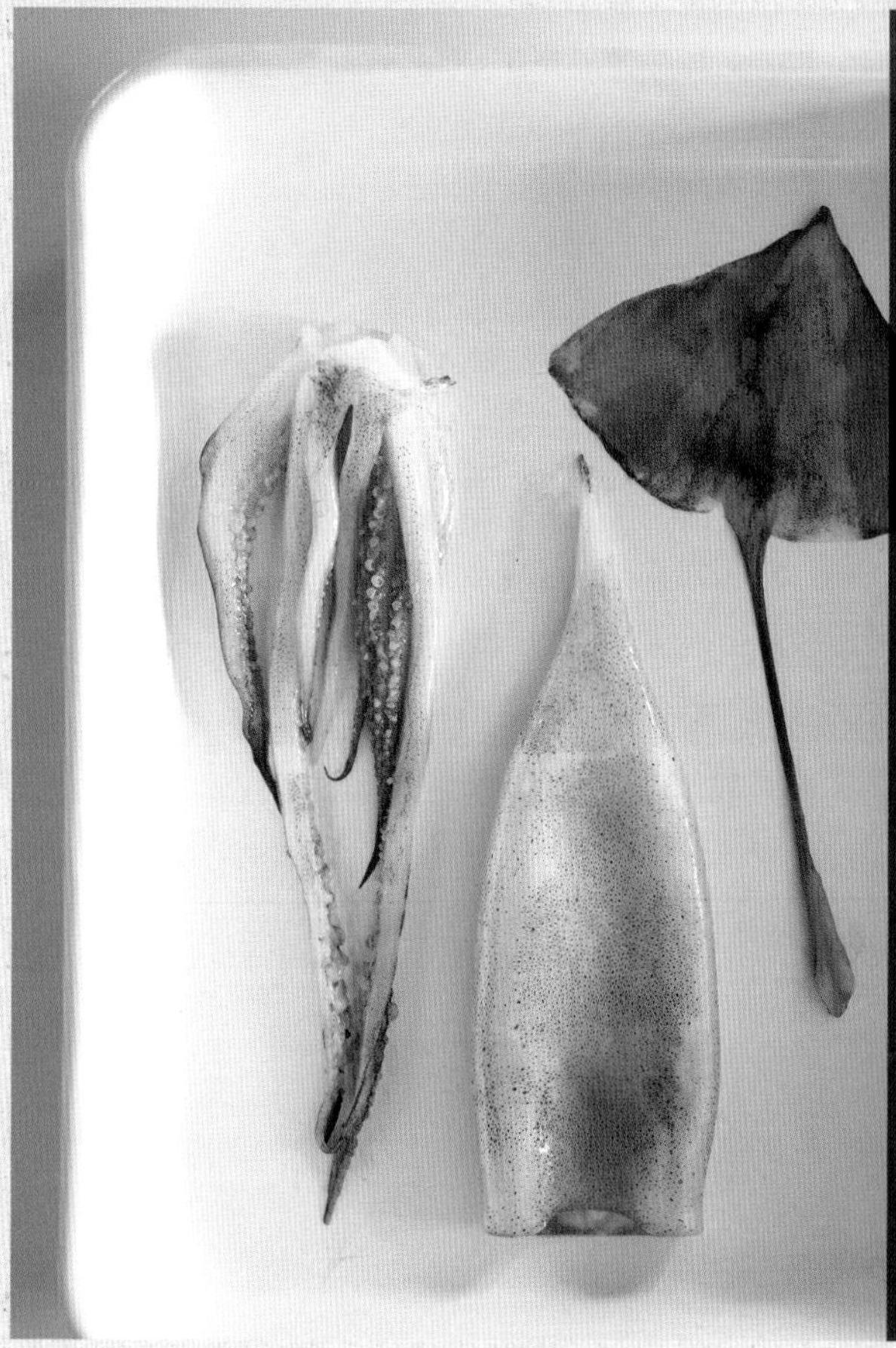

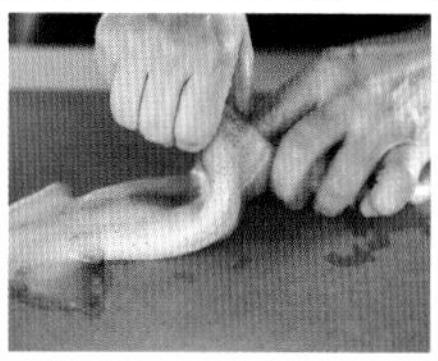

いかの胴の中に指を差し
込んでワタと胴、軟骨が
つながった部分をはずし
ます。

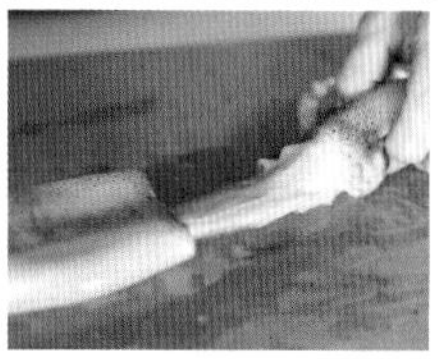

足を持ってワタを引き抜
き、胴の中の軟骨を取り
除きます。

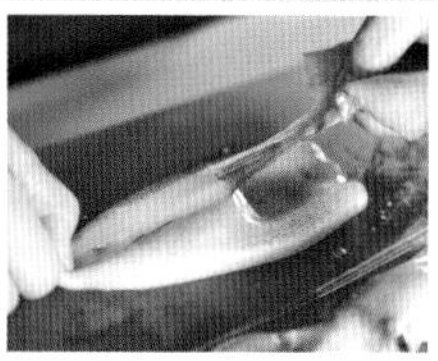

胴の先端を押さえ、えん
ぺらをつかんで下に引い
てはがします。

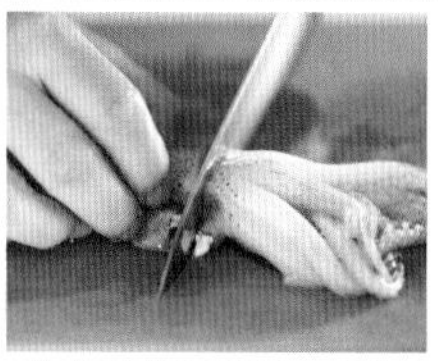

足は目の下に包丁を入
れ、ワタを切り落としま
す。

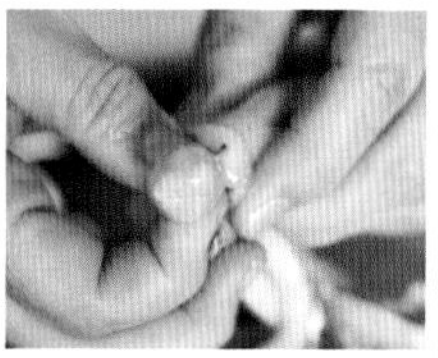

足の中心にあるくちば
しを、下から押し出して
除きます。

足の大きな吸盤は包丁
や手でしごき取ります。

これで完成です。
写真左から足、胴、
えんぺら。

Memo

加熱するなら、皮は
むかなくてもおいし
く食べられます。生
で、刺身で食べると
きは胴の皮をむきま
しょう。

いか
Squid

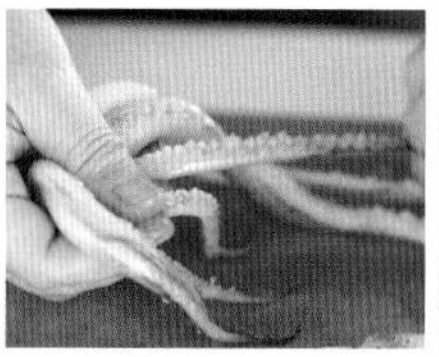

Recipe

レモンでさっぱり
いかのレモンバターじょうゆ炒め

材料と作り方（2人分）

するめいか…1ぱい（350g）
レモン…½個
A 塩…二つまみ
　しょうゆ…小さじ1
バター…大さじ1
青じそ（細切り）…適量

1　いかはワタと軟骨を除く。胴は輪切り、えんぺらは細切り、足は食べやすく切って水気をふく。

2　フライパンにバターといかを入れて中火にかけ、いかの色が変わるまで炒める。Aを加えて味をととのえる。火を止めてレモンの汁を搾り入れる。

3　器に盛り、青じそをのせる。

レモン汁は火を止めてから搾り入れ、香りを残す。

Kazuwo's NOTE

えび
Shrimp

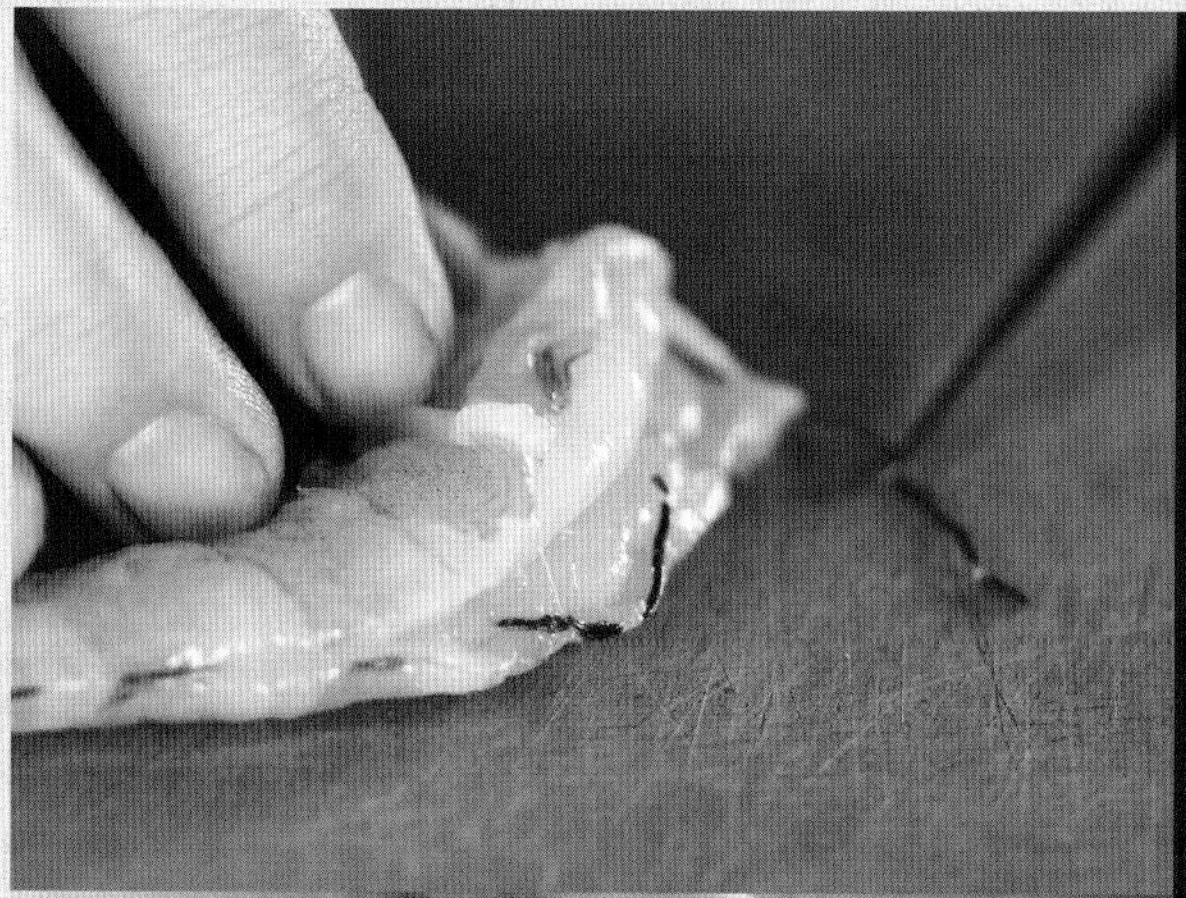

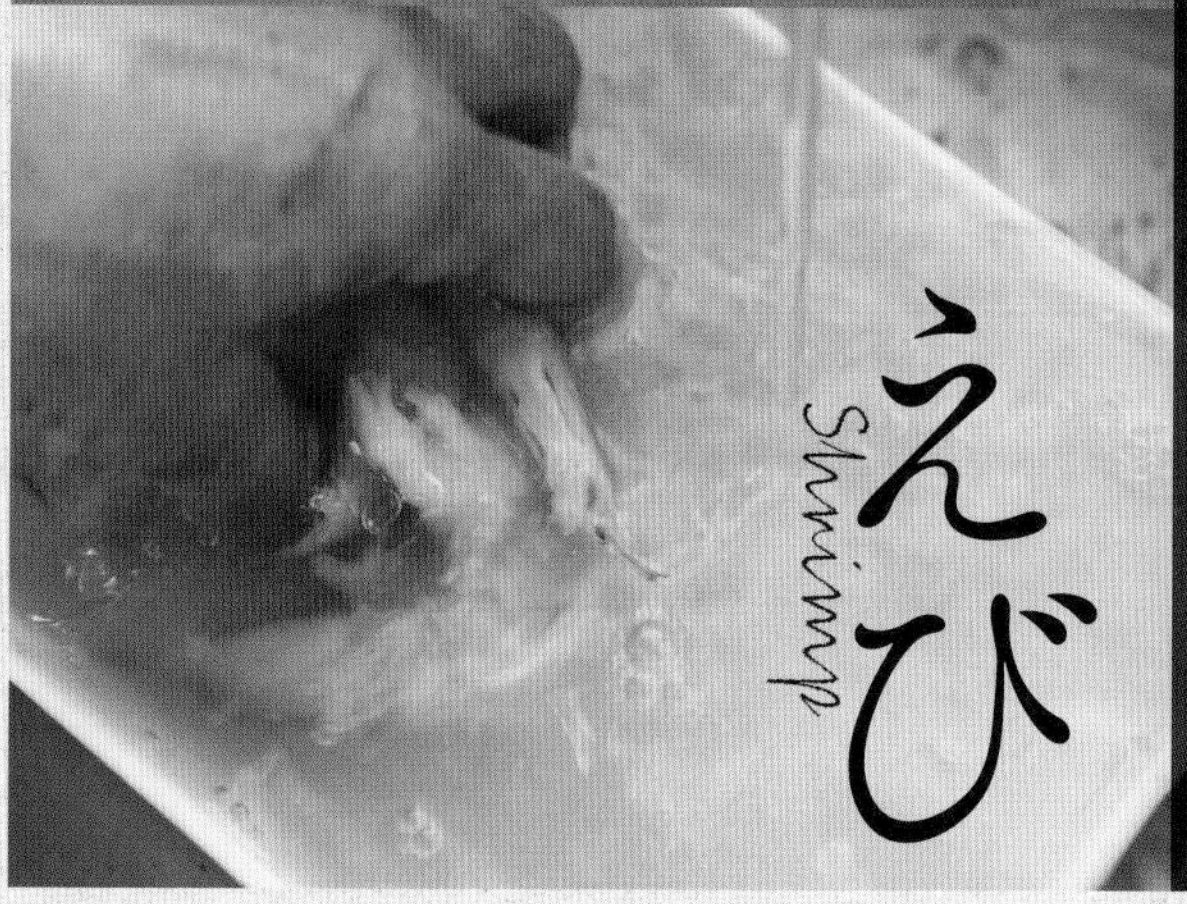

背ワタを取る

竹串で抜く、背に切り込みを入れる、の2通りあります

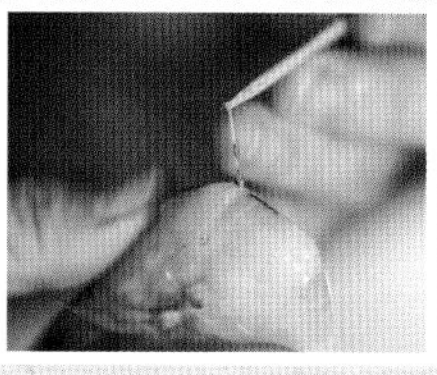

形を残したいときは竹串で。殻つきのままえびを丸めて持ち、3節目あたりに竹串を刺して背ワタを引き抜きます。

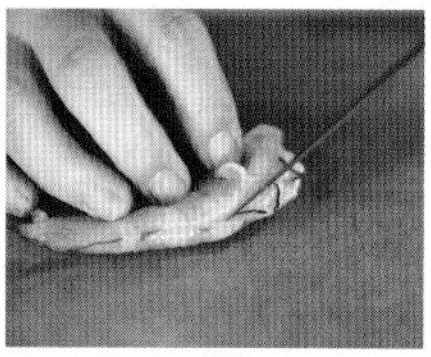

炒めもののときなどは殻をむき、背に浅く切り込みを入れ、包丁の先で背ワタをかき出します。

洗う

片栗粉をまぶしてから、しっかり洗い流して臭みを取ります

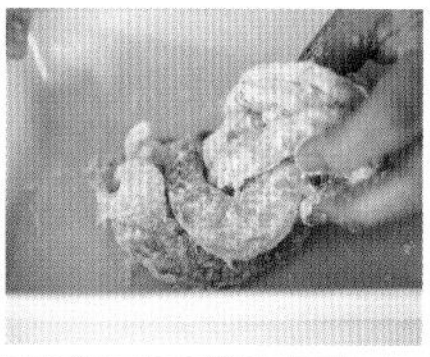

えびに片栗粉をたっぷりとふり、もみ込みます。

流水の下で洗い、片栗粉をしっかり落とします。

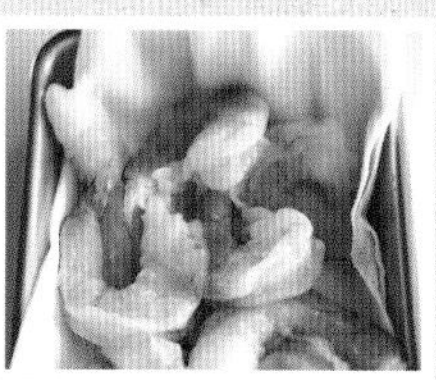

ペーパータオルで水気をふき取ります。

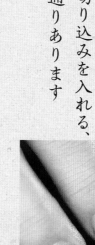

Recipe

切り込みに
味がしっかりからみます

えびの
ケチャップ
コチュジャン炒め

材料と作り方（4人分）

えび（無頭）…（中）10尾
玉ねぎ（みじん切り）…¼個分
にんにく（みじん切り）…1かけ分
塩…二つまみ
片栗粉…適量
A トマトケチャップ…大さじ2
　コチュジャン、しょうゆ…各小さじ1
米油…大さじ1
ごま油…小さじ1

1　えびは殻と尾をむき、背に切り込みを入れて背ワタを除く。片栗粉をまぶしてもみ、流水で洗い流し、水気をふく。塩をふり、片栗粉を薄くまぶす。

2　フライパンに米油を熱し、1を入れて焼きつけ、全体に色が変わったら取り出す。

3　フライパンにごま油を足し、玉ねぎ、にんにくを炒める。玉ねぎが透き通ったらAを加え、えびを戻し入れてよくからめる。

えびの色が変わって火が通るまで焼き、取り出す。

あさり

Clams

砂出しをする

砂出し済みのものも、塩水につけて砂を吐かせます

砂出し済みでも完全ではないことが多いので、塩水（塩分3％程度。水1カップに塩小さじ1の割合）につけ、ふたを軽くのせるか新聞紙をのせて、冷蔵庫に半日ほどおきます。

砂出しをしたら、流水の下で殻と殻をこすり合わせて洗い、しっかりと汚れを落として調理します。

かき

Oysters

ふり洗いする

1個ずつていねいに泳がせるように洗います

かきは中に汚れが残っているので、ボウルに入れた塩水（塩分3％程度。水1カップに塩小さじ1の割合）の中で1個ずつ泳がせるようにして洗います。

ペーパータオルの上に取り、水気をきってから調理します。

Recipe

オイルはパンにつけても

かきのオイル蒸し

材料と作り方（2人分）

かき（加熱用）…6個
塩…適量
オリーブ油…大さじ1½
ローリエ…1枚

1 かきは塩水の中でふり洗いし、ペーパータオルの上で水気をきる。

2 小さめのフライパンまたは鍋にかけ、かきを並べ、ローリエをのせる。オリーブ油をまわしかけ、ふたをして中火にかけ、5分ほど蒸し焼きにする。

Dry goods

5章

「乾物」の工夫

乾物は戻すときには1袋すべて戻し、一度に料理してしまいます。というのも袋に残しておいてもすぐに使うことはなく、結局はおいしくなくなってムダにしてしまうことが多かったので、そうするようになりました。封を開けてしまうと豆は一気に味が落ちる。切り干し大根は色が悪くなって、においがきつくなる。高野豆腐は乾燥しすぎてしまったり、ほかのにおいを吸ってしまうなど、取っておいてよいことは一つもない。ならばおいしいうちに調理し、調理後、味をつけて冷凍するほうが賢明なやり方だと気がつきました。最近は乾物もグラム数の少ない袋が出回っていますから、最初から小袋を選んで作るのも良い方法ですね。そして一気に戻せば、新しいレシピに挑戦できるチャンスも。

乾物は封さえ開けなければ、保存が長くききますから、常備しておき、買い物がままならないときには乾物の出番。戻し時間が長いものもありますが、ただ水やお湯につけておくだけですから労力はいりません。習慣にしましょう。そしてすぐに調理したいときには戻し時間の短い素材を選んで調理します。

高野豆腐

Freeze-dried tofu

戻す

時間をかけて
ゆっくり戻すと
やさしい口当たりが
味わえます

Kazuwo's NOTE

バットに高野豆腐を並べ、熱湯をかけます。

浮かないようにふたをのせます。湯が冷めてきたら熱湯を加え、温度が下がらないように気をつけながら2～3時間ほどおきます。

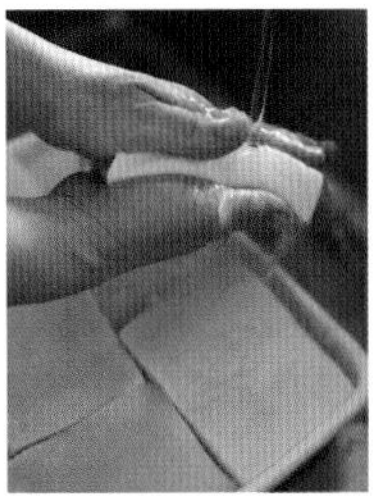

ふっくらと戻ったら水で押し洗いし、乾物臭さを取ります。両手ではさんで水気をしっかり絞ります。

Memo

今回は12個（200g）を戻しました。最近は戻さないで使う高野豆腐もあり、メーカーによってはこのような戻し方が必要でないものもありますので、表示を確認してください。

だしを含ませて

高野豆腐の含め煮

材料と作り方（3〜4人分）

高野豆腐（戻したもの）…6枚
A だし汁…2カップ
　塩…小さじ1
　薄口しょうゆ…小さじ2
絹さや（筋を除いてゆでる）…適量

1 高野豆腐は半分に切る。

2 鍋にAを入れて温め、1を加える。煮立ったら落としぶたをして弱めの中火で20分ほど煮て冷ます。食べるときに温めて器に盛り、絹さやを添える。

＊煮汁ごと保存容器に入れて冷蔵保存し、日持ちは約3日。

塩味でさっぱり

高野豆腐の塩豚巻き

材料と作り方（2人分）

高野豆腐（戻したもの）…3枚
塩豚（p60参照）…9枚
米油…大さじ2

1 高野豆腐は水気を絞って、3等分に切る。高野豆腐1切れに、塩豚1枚を巻きつける。

2 フライパンに1の巻き終わりを下にして並べ、中火にかける。肉が焼けて固まってきたら、全体を焼く。肉が焼けたら、鍋肌から米油をまわし入れて焼き、カリッとさせて火を止める。

甘辛味をつけて

高野豆腐のしょうが焼き

材料と作り方（2人分）

高野豆腐（戻したもの）…3枚
片栗粉…適量
A しょうが（すりおろす）…1かけ分
　しょうゆ…大さじ1½
　砂糖、酒、水…各大さじ1
米油…大さじ2

1 高野豆腐は厚みを半分に切り、さらに横半分に切る。両面に片栗粉をふる。

2 フライパンに米油を熱し、1を並べて焼く。両面がこんがり焼けたら、混ぜたAをまわしかけてよくからめる。

Kazuwo's NOTE

戻す

水につけ、熱湯でさっとゆでると歯ざわりが戻ります

ひじきはたっぷりの水に10分ほどつけておきます。

水を替えてよく洗い、ゴミなどを除きます。

熱湯に入れてさっとゆで、ざるに上げて水気をきります。

ひじき

Hijiki seaweed

Memo

ひじきは戻すと約10倍に。今回は細かな芽ひじき30gを戻し、約320gになりました。太い茎が入っている長ひじきの場合は、戻してから食べやすく切って使います。

サラダにしても美味

ひじきと玉ねぎのサラダ

材料と作り方（2〜3人分）

ひじき（戻したもの）…160g
しょうゆ…大さじ½
赤玉ねぎ（縦薄切り）…30g
ハム（半分に切って細切り）…1枚分
A マヨネーズ…大さじ3
　酢…少々
　オリーブ油…大さじ2

1 ボウルにひじき、しょうゆを入れて混ぜ、10分ほどおき、軽く絞る。
2 1に赤玉ねぎ、ハム、Aを加えてよくあえる。15分ほどおいて味をなじませ、味をみてマヨネーズ、酢各少々（分量外）でととのえる。

油がからんでしっとり

ひじきと長ねぎの炒めもの

材料と作り方（2〜3人分）

ひじき（戻したもの）…80g
長ねぎ（4cm長さ、縦半分に切る）…1本分
味つきザーサイ（細切り）…50g
塩…一つまみ
ナンプラー…小さじ½
ごま油…小さじ2

1 フライパンにごま油を熱し、長ねぎを中火で炒める。しんなりしてきたらひじき、ザーサイを入れて炒め合わせる。
2 全体にしんなりしたら味をみて、塩とナンプラーでととのえる。

ひじきをペーストにして

ひじきとさば缶のスパゲッティ

材料と作り方（2人分）

A ひじき（戻したもの）…80g
　しょうゆ…小さじ2
スパゲッティ…180g
B さば缶（水煮）…½缶
　オリーブ油…大さじ2
塩…適量
青じそ（せん切り）…適量

1 小鍋にAと水½カップを入れ、弱めの中火で15分ほど煮る。やわらかくなったら、フォークでねっとりするまでつぶす。
2 ボウルに1、Bを入れ、軽く混ぜる。
3 熱湯2ℓに塩大さじ1を加えてスパゲッティを表示時間通りにゆでる。湯をきって2に加え、手早くあえる。味をみて塩少々でととのえ、器に盛り、青じそをのせる。

＊ひじきペーストはバゲットにぬってもおいしい。

戻す

もみ洗いして
日なた臭さを取り、
水につけたら
やさしく水気を絞って

切り干し大根はたっぷりの水の中で、もむように洗います。

水を替えて、たっぷりの水に10～15分つけます。

ざるに上げて、軽く水気を絞ります。カサカサになるほどギュッと絞らないこと。

切り干し大根

'Kiriboshi-daikon'

Memo

今回は80gの切り干し大根を戻し、約350gに。3品とも常備菜になるので、保存容器に入れて冷蔵保存し、おいしいうちに食べきります。

Recipe

歯ごたえが魅力
切り干しのハリハリ漬け

材料と作り方（2〜3人分）

切り干し大根（戻したもの）… 80g
A 切り昆布… 一つまみ（3g）
— しょうゆ、酢… 各大さじ1

1 切り干し大根はキッチンばさみでザクザクと切って、水気を軽く絞る（絞りすぎないように注意）。

2 1とAを合わせて軽くあえ、15分ほどおく。さらに軽くあえて味を含ませる。

さっぱり味も合います
切り干しとにんじんのサラダ

材料と作り方（2〜3人分）

切り干し大根（戻したもの）… 120g
塩にんじん（p15参照）… 80g
レモン汁… ½個分
米油… 大さじ1〜2
塩、しょうゆ… 各適量

1 切り干し大根は食べやすい長さに切る。

2 ボウルに1、塩にんじん、レモン汁、米油を合わせてあえ、味をみて塩としょうゆでととのえる。

ちくわが味だしに
切り干しとちくわの炒め煮

材料と作り方（2〜3人分）

切り干し大根（戻したもの）… 150g
ちくわ… 1本（60g）
だし汁… 1〜1½カップ
A 薄口しょうゆ… 小さじ1〜2
みりん… 小さじ1〜2
— 塩… 少々
米油… 大さじ1

1 切り干し大根は食べやすい長さに切る。ちくわは薄い輪切りにする。

2 鍋に米油と1を入れ、中火で炒める。油がなじんだら、だし汁を少しずつ加えながら炒め煮にする。切り干し大根がふっくらとしてきたら、味をみてAでととのえる。

＊ちくわから塩分が出るので、味をみて調味料を加えます。

ゆでる

時間はかかりますが
ゆでたての豆の
口当たり、舌ざわり、
おいしさは格別！

Kazuwo's NOTE

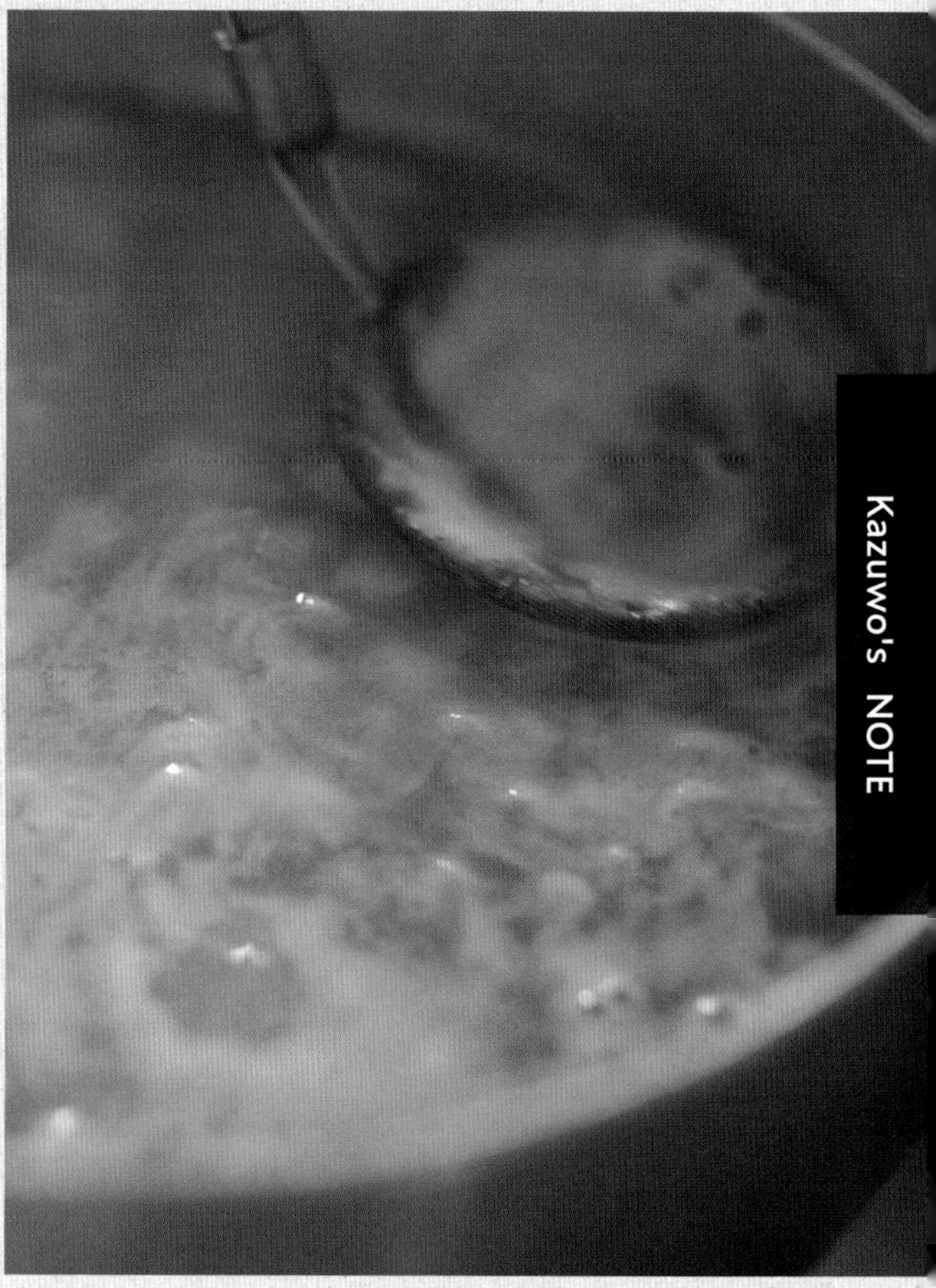

豆 Beans

Memo

大豆300gをゆでて約700gに、ひよこ豆300gをゆでて約500gに。ともに冷めたらジッパーつき保存袋に小分けにして入れて冷凍保存し、日持ちは約1か月。大豆は煮ものやサラダ、スープ、つぶしてみそ汁などに、ひよこ豆はサラダやスープに使います。

大豆

大豆はさっと洗い、鍋に入れて豆の3倍くらいの水に一日つけます。気温が高いと泡が出てくるので、夏は冷蔵庫に入れると安心。シワのない、ピンと皮が張った状態まで戻します。

鍋を火にかけます。煮立ってくると白い泡（アク）が出てくるので、アクをていねいにすくいます。ふたをして吹きこぼれないように注意しながら、フツフツと煮立つくらいの火加減でゆでます。ゆで汁が少なくなったら水を加え、常に豆がゆで汁につかっているようにします。

3～4時間ほどゆで、舌でつぶれるくらいにやわらかくなり、透明なゆで汁が黄金色になるのが理想。

ひよこ豆

ひよこ豆は3倍の水に一晩つけ、そのままゆでます。大豆よりはアクが少なく、ゆで時間も1時間ほどでゆで上がります。

豆の香りがたまらない

大豆の炊き込みごはん

材料と作り方（4人分）

大豆（ゆでたもの）…200g
米…2合
鶏もも肉（1cm角に切る）…⅓枚分（100g）
A 塩…小さじ½
　薄口しょうゆ…大さじ1

1　米は洗って水気をきり、炊飯器に入れて2合の目盛りまで水を加えて30分浸水する。

2　1にAを混ぜ、大豆と鶏肉をのせて炊く。炊き上がったらさっくりと混ぜる。

ゆでた豆ならではのおいしさ

ひよこ豆のペースト

材料と作り方（作りやすい分量）

ひよこ豆（ゆでたもの）…300g
にんにく…少々
オリーブ油…大さじ2〜3
クミン…小さじ⅓
塩…小さじ½
バゲット（薄切り）…適量

1　ひよこ豆とにんにくをフードプロセッサー、またはハンドミキサーにかけ、途中でオリーブ油を数回に分けて加えながら撹拌する。なめらかになったらクミンと塩を混ぜる。バゲットを添えて、のせて食べる。

塩蔵わかめ

Salted seaweed

戻す

よく洗って
塩を落としてから
水につけます。
切るときにちょっと注意を！

流水の下で、わかめについている塩を洗い流します。

たっぷりの水にわかめを入れて10分ほどつけておきます。ざるに上げて水気をきります。戻すと3〜4倍に。

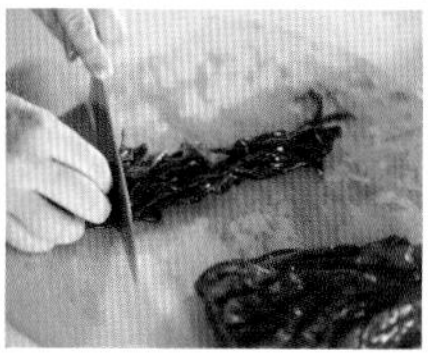

軸は幅が広いので、一度広げます。軸の部分を重ねて折りたたみ、軸の部分を切り取ります。ほかの部分と長さや幅をそろえて切ります。

干ししいたけ、きくらげ

Dried Shiitake, Kikurage

戻す

水でじっくり戻すと
うまみ、香りが増します

びんに入れ、びんの高さぎりぎりまで水を注ぎ、ふたをして冷蔵庫に入れて丸1日おきます。そのまま冷蔵庫で3日くらいおいても大丈夫。しいたけは軸を切り落とし、きくらげはあれば石づきを除きます。干ししいたけは戻すと約2倍、きくらげは3〜4倍に。

6章 毎日の「暮らし」の工夫

基本の調味料は好みのものをそろえています。塩やしょうゆなどは、地域やメーカーによって特徴はさまざま。好みのものを探すのも楽しいものです。新しいしょうゆを開けた日は、しょうゆの香りがぱっと広がり、いつもと違うしょうゆを使えば、食べ慣れている料理に変化が生まれます。調味料にも目を向けてみましょう。目新しい調味料を買ったはいいけど、結局は残りがち。棚の奥にしまい込まずに、よく手に取れる場所にまずは移動してみて。そしてその調味料だけで味つけしようと思わないで、ほんの少しずつ隠し味程度に使ってみます。加熱することで味がまろやかになりますから、肉だねの味つけや、炒めものや煮ものに積極的に使ってみると、味にも使い方にも慣れてくるはず。ハーブや薬味野菜はフレッシュなまま保存したいから、瓶に入れたり、水につけたりします。もっと長くもたせるなら、しょうゆやみそなどと合わせて味をつけつつ、保存します。

だしは水出しが基本。火も使わず道具もボトル1本あればできてしまうので重宝しています。だしさえあればみそ汁もスープもすぐにできて、このだしのおかげで朝食は時短調理ができています。

Kazuwo's NOTE

基本調味料

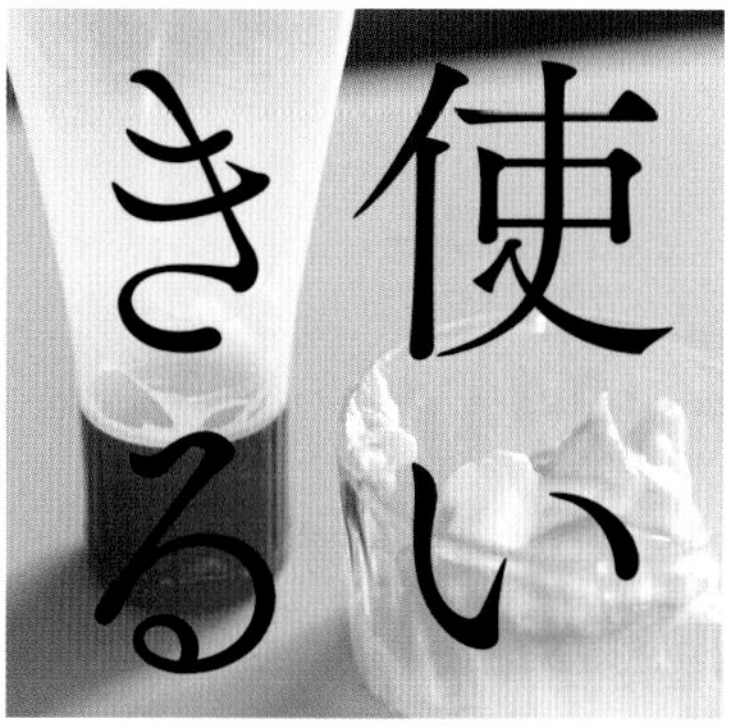

しょうゆは小びんで早めに使いきります

しょうゆの大びんはかなりお得ですが、使いきるまでの日数がまちまちなため、最後のほうは味があきらかに落ちます。しょうゆの香りがフレッシュなうちに、味がおいしいうちに使いきるために、小びんで買うようになりました。

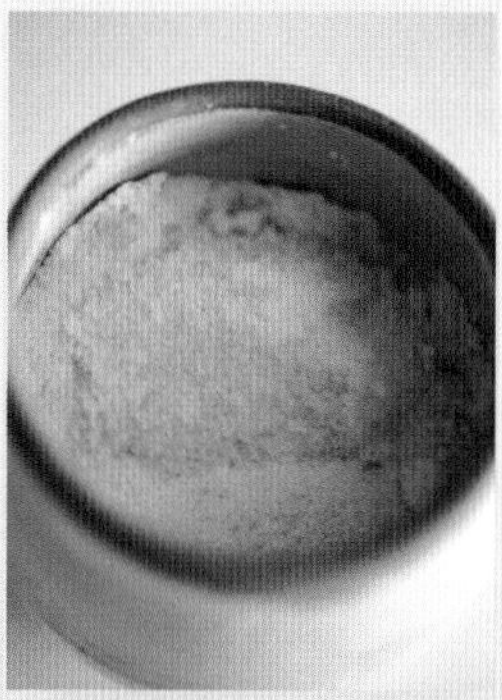

塩は炒ってサラサラに。料理ベタでもプロみたいにふれる？

今使っている塩は、やや湿り気があるタイプ。夏になるとさらに湿気を含んで、ぬれたような状態になることも。そんなときは塩をフライパンで炒ってサラサラにしておくようになりました。それでもまた湿りますが、サラサラのほうが、ほどよく散って使いやすいです。

みそは容器一つにまとめて。〝合わせみそ〟ができ、残量が一目でわかります

市販のみそを使っていたときは、3種類くらいのみそを常備していたので、そのまま冷蔵庫に入れずに、まとめて容器に入れていました。今はみそを手作りしていて、でき上がったみそはジッパーつきの保存袋に入れて冷凍庫で保存しています。普段使う分は、以前と同様に昆布でみその種類で仕切り、保存容器に入れて冷蔵庫へ。容器にみそがほぼなくなったら、切った野菜を入れて四隅などについているみそを野菜と一緒にあえて最後まで食べきり、また新たなみそを詰めます。

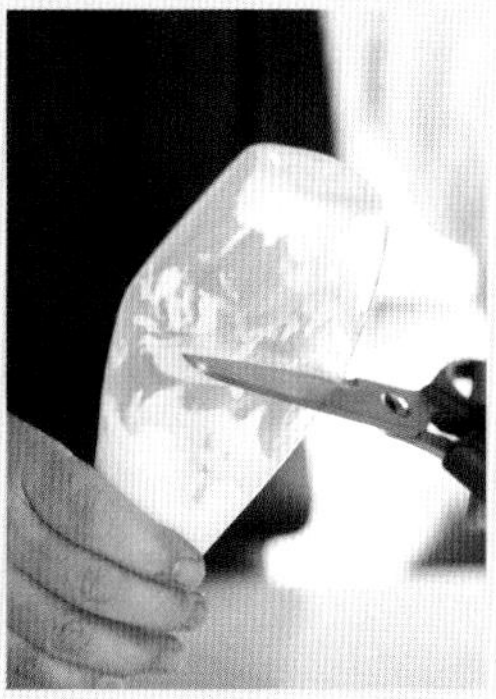

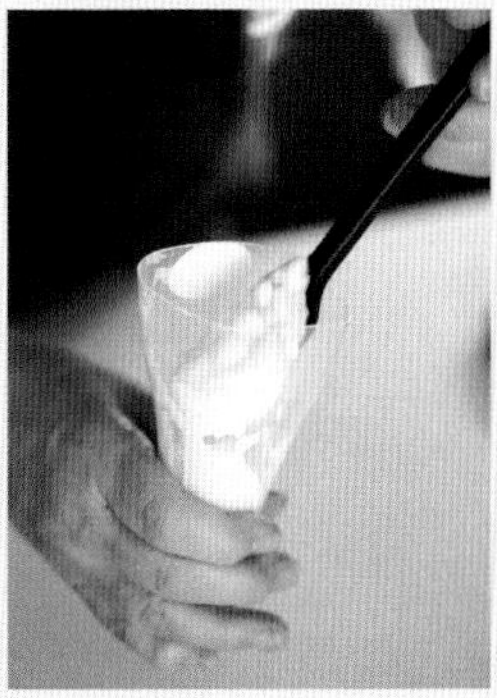

マヨネーズの最後はばっさり切ってかき出します

マヨネーズなどチューブに入った調味料は、すべて写真のように容器を切って、ゴムべらでかき出して最後まで使いきります。かき集めると意外に量があるんですよ。先が細めのゴムべらが使いやすい。

揚げ油は捨てずにこして。香ばしくておいしい油に

揚げものをしたら、粗熱を取って温かいうちにペーパータオルなどでこして容器に移しておきます。そうすると酸化防止にもなり、再利用がしやすい。炒めものや焼きもの、ドレッシングなどに普通の油と同様に使います。油に香ばしさが加わっているので、野菜だけの煮もののときなどはこの油でさっと炒めてから煮るとコクが出ます。もちろん、また揚げものをするときにも使います。少ない油で揚げものをすれば、処理も楽です。

Kazuwo's NOTE

残りがちな調味料

左からナンプラー、魚醬、オイスターソース。

和食、洋食を問わずに隠し味に使います

レシピで見て買ってはみたけれど……、使いきれない調味料があります。そんなときには隠し味で使ってみるのがおすすめです。そうとわからないくらいの量を入れてみる。オイスターソースやナンプラーはかきや魚から作られている調味料だから、少し入れるだけでだしのようなうまみがプラスされます。ひと味足りないというときに、和食、洋食を問わずにほんの少し加えることから始めてみましょう。

オイスターソースで キャベツ、小松菜梅炒め

材料と作り方（3〜4人分）

キャベツ（一口大に切る）…5枚分（350g）
小松菜（5cm長さに切る）…5株分（120g）
玉ねぎ（4つにくし形に切り、ほぐす）…½個分
梅干し…2個
A 酒…小さじ1
─オイスターソース…小さじ1½
塩…適量
米油…大さじ1

1 梅干しは果肉と種に分け、果肉は粗くたたき、種も一緒にAと混ぜる。

2 大きめの鍋に玉ねぎと米油を入れ、中火にかけて炒める。透き通ってきたら、塩を一つまみふり、キャベツを加えて炒め、キャベツに油がなじんできたら塩二つまみをふる。

3 小松菜を加え、塩一つまみをふってさっと炒め、1を加えてよくからめる。

オイスターソースと梅干しは相性がよく、酸味が和らいでマイルドな味に。

ナンプラーで
肉じゃが

材料と作り方（3〜4人分）

A じゃがいも（一口大に切る）…4個分
　にんじん（一口大に切る）…1本分
　玉ねぎ（8等分のくし形に切る）
　…2個分
　豚バラ薄切り肉（一口大に切る）
　…150g
砂糖…小さじ2
ナンプラー、しょうゆ…各大さじ1
ごま油…大さじ1

1 大きめの鍋にAとごま油を入れて中火にかけ、鍋を揺すって全体に油をなじませる。

2 ひたひたよりやや少なめの水、砂糖を加えて煮る。煮立ったら落としぶた、さらにふたをして弱めの中火で15分ほど煮る。

3 じゃがいもがやわらかくなったらふたをはずし、ナンプラー、しょうゆを加え、煮汁が少なくなるまで中火で煮詰める。

残りがちな調味料 使いきる

左から粒マスタード、フレンチマスタード、豆板醤、カレー粉。

たれ、ドレッシングに使うと新しい味が生まれます

たっぷりと使うものではないけれど、使ってみると味に幅が出て、これもまたひと味違うおいしさを生む調味料。マスタードはしょうゆと相性がいいので、しょうゆに混ぜてゆでた青菜や豆類、切ったきゅうりやトマトをあえてみてください。しょうゆの味を引き立たせるマスタードの味をわかってもらえるはず。豆板醤やカレー粉は、しょうゆやみそ、マヨネーズ、酢とも合うので、積極的にたれやドレッシングにほんの少し入れてみてください。そしてこれらは冷蔵庫の奥へ入れないこと。見えるところにおいておけば、使う機会が増えます。

豆板醤でピリ辛だれに

目玉焼きの豆板醤だれがけ

材料と作り方（2人分）

卵…2個

豆板醤だれ
- 豆板醤、酢…各大さじ1
- 長ねぎ、しょうが（みじん切り）…各小さじ1
- しょうゆ…小さじ1

米油…大さじ1

1　豆板醤だれの材料を混ぜる。

2　フライパンに米油を熱し、卵をそっと割り入れ中火で好みの加減まで焼く。器に盛り、1をかける。

ミックスして 調味料として使うのが簡単

ほんの少しずつ残っていることが多いこの3本のびん詰め。いずれも味出しになるものなので、味をしっかりとつけたいけれど、調味料は増やしたくないときに、加えてみるとじんわりと味がしみ出していい塩梅に。どれも塩分は高めなので、少し加えるだけで塩味に奥行きが出ます。発酵食品の秘めた力が生かされます。一つ一つを単独で使ってもいいし、三つを合わせて使ってもいい。相性のよい3本なので、ミックスしてゆで野菜とあえたり、パンにのせてチーズをたっぷりかけてチーズトーストにしたり、ゆで卵にのせたり、ごくごく細かく切ってドレッシングと合わせたりします。

左からオリーブ（緑でも黒でも、詰めものをしたものでも）、アンチョビ、ケッパー。

ポテトサラダ

刻んでゆでじゃがと混ぜるだけ

材料と作り方（3〜4人分）

緑オリーブ（赤ピーマン詰め）、アンチョビ、ケッパー…合わせて50g
じゃがいも（一口大に切る）…4個分（400g）
オリーブ油…大さじ3
塩…少々
パセリ（みじん切り）…適量

1 緑オリーブ、アンチョビ、ケッパーは粗みじん切りにする。

2 じゃがいもは水からゆで、やわらかくなったら湯をきって、鍋に戻す。中火にかけて鍋を揺すって水気を飛ばし粉ふきいもを作る。

3 2が熱いうちに1、オリーブ油を混ぜ、塩で味をととのえる。器に盛り、パセリを散らす。

3種類の割合は好みで。ミックス具合で塩気が違うので、最後に味をみて塩でととのえる。

香味野菜

保存する

ハーブはパックのままはNG。水につけて長持ちさせて

根っこや、茎の部分は、水につけておくと水を吸い上げて保存期間が長くなります。切り花の手入れの要領です。写真のハーブは、庭のディルをびんにさして常温において1週間はピンとしていました。青じその葉は茎を水につけて冷蔵保存。葉にハリがあるまま、保存できます。香菜《シャンツァイ》は葉の部分を使ったら、根っこを水につけておき、茎や根っこの出番を待ちます。いずれもしなびる前に新鮮なうちに、水につけておくことです。

にんにくは皮つきのまま常温でOK

玉ねぎやじゃがいもなどと一緒ににんにくも常温保存。皮がめくれるほど乾燥したり、芽が出てきたら急ぎ使うか、皮をむいてしょうゆ漬けかオイル漬けなどにして保存するほうがおすすめ。

しょうがはホイル包みか、水につけます

どちらも甲乙つけがたい保存方法。アルミホイル包みのほうがやや乾燥が気になるところですが、つけておく水を毎日交換する手間のことを考えるとどちらがよいか。そのときどきで選択します。いずれも空気に触れないよう心がけることが大事です。新しょうがの場合は保存すると筋が堅くなるので、できるだけ早く甘酢に漬けたり、佃煮にして保存をします。

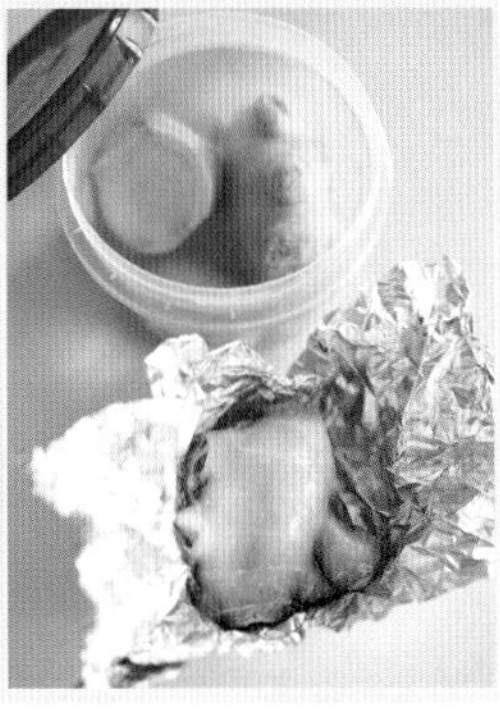

ペースト状にしておけば料理のアクセントに

生のまま保存するより、オイルなどと合わせて調理し、冷蔵保存するほうが使い勝手がよく、献立に役立ちます。ミキサーなどでペースト状にするか、包丁で細かくみじん切りにして作るかはお好みで。レシピは香菜ですが、青じそ、バジル、ねぎ、にんにく、しょうがでも同じように作ります。

好みの油と混ぜて

香菜ペースト

材料と作り方（約¼カップ分）

香菜…30g

A 好みの油…大さじ3
　塩…小さじ⅓

1 香菜はミキサー、またはフードプロセッサーにかけてペーストにする。または包丁で細かく刻む。

2 びんに1、Aを加えて混ぜる。冷蔵保存し、日持ちは約1週間。

＊油はオリーブ油、米油、太白ごま油、ごま油、ピーナッツ油など。

香菜ペーストで

白身魚のカルパッチョ

材料と作り方（2人分）

1 白身魚の刺身2人分を器に並べ、ごく軽く塩をふり、香菜ペースト大さじ1をところどころにのせる。

＊好みでくるみやピーナッツなどを刻んでかけてもよい。

香味野菜 使いきる

調味料や油に漬ける。ほんのひと手間ですぐに料理に使えます

残った香味野菜はそのまま保存するよりも、しょうゆ、みそ、油などに漬けてしまったほうが、持ちがいいです。薄切りやみじん切りにし、漬けておくだけだから簡単なのですが、作っただけで終わってしまわないで、どうアレンジして食べるかが問題。冷蔵庫の奥へ押し込まずに、できる限り目につくところにおいて、すぐに食べられるようにしておきます。

薄切りにして
しょうがのみそ漬け

材料と作り方（作りやすい分量）
しょうが… 3かけ
みそ… 大さじ4

しょうがは皮つきのまま薄切りにする。みそと合わせて、保存容器に入れ、冷蔵庫におく。2日後から食べられる。日持ちは約10日。

＊残ったみそはもう一度しょうがを漬けたり、マヨネーズや梅肉と合わせてディップにしてスティック野菜につけて食べたりします。ほかには、にんにくでも作れます。

しょうがのみそ漬けで
しょうがごはん

材料と作り方（2人分）
しょうがのみそ漬け全量のみそをぬぐい、みじん切りにする。炊きたてのごはん1合分に加えて混ぜる。

細かく刻んで

香菜《シャンツァイ》のしょうゆ漬け

材料と作り方（作りやすい分量）

香菜…50g
しょうゆ…大さじ3

香菜は細かく刻んでしょうゆと混ぜ、10分ほどおいて味をなじませる。冷蔵保存し、日持ちは約1週間。

＊ほかには、青じそ、ねぎ、しょうが、にんにくでも作れます。

半分に切って

にんにくのオイル漬け

材料と作り方（作りやすい分量）

にんにく…3かけ
オリーブ油…適量

にんにくは縦半分に切り、芯を除く。水気をふいて容器に入れ、かぶるくらいまでオリーブ油を注ぎ入れる。冷蔵保存し、日持ちは約10日。

＊ほかには、しょうが、香菜、バジル、パセリ、ローズマリーなどでも作れます。

香菜のしょうゆ漬けで

香菜ゆで卵

材料と作り方（作りやすい分量）

好みの堅さのゆで卵（p46参照）2個は横半分に切り、香菜のしょうゆ漬け約小さじ2をかける。

にんにくのオイル漬けで

ガーリックトースト

材料と作り方（作りやすい分量）

にんにくのオイル漬けのにんにくをフォークで刺し、好みの厚さに切ったバゲットの切り口にこすりつける。オーブントースターでこんがり焼き、パセリのみじん切りを散らす。

だし

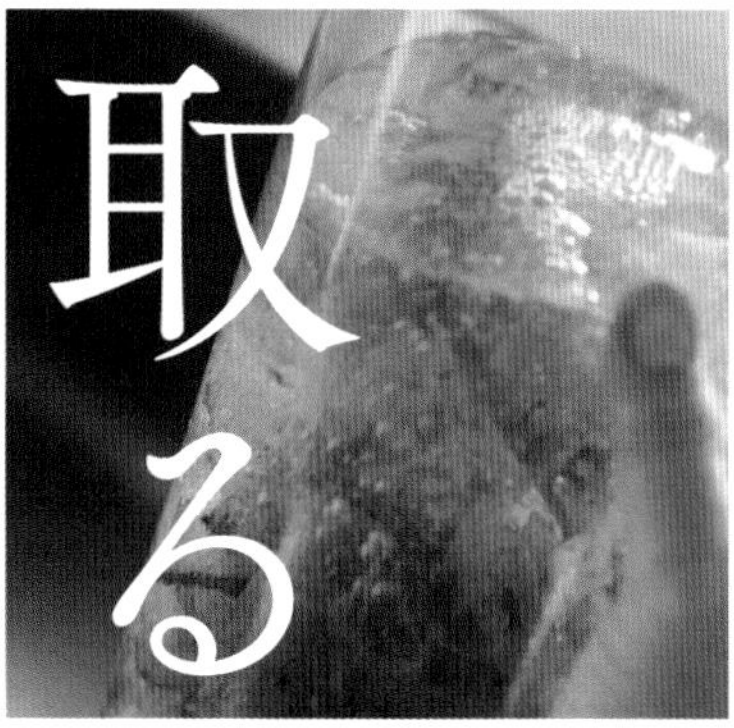

だし素材を水につけておくだけ。毎日だしのある暮らしに

うちでは煮出したりせずに、水出しを用意しています。ポットにだしの素となるかつお節や昆布を入れて、水を注ぎ入れるだけ。20分もすれば、じんわりとだしのエキスが出てきます。だしが冷蔵庫にあれば、汁もの全般がすぐにリクエストに応えられます。夜のうちにポットに仕込んで冷蔵庫におけば、翌朝のおみそ汁はだしを温め、野菜を切って放り込み、みそを溶き入れればでき上がり。煮えばなのおみそ汁はごちそうです。

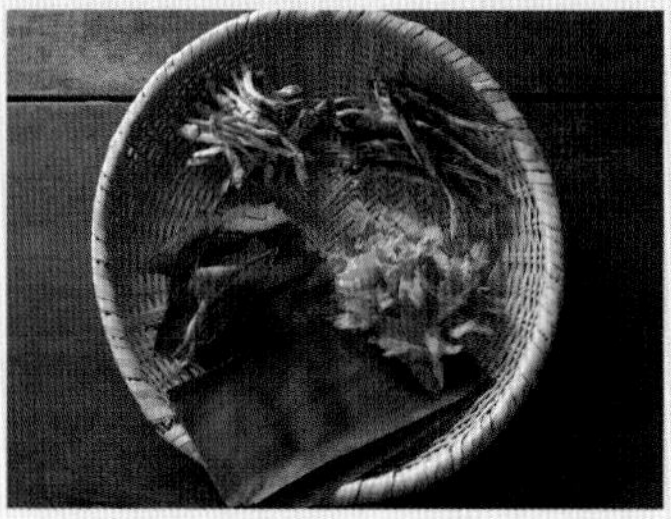

だし素材
左上から煮干し、焼きあご、かつお節、昆布、かつお節（厚削り）。

とことんだし素材を使いきり、″二番だし″まで味わいます

ポットに作った水出しを使い終わったら、もう一度水を注ぎ入れる（2回までOK）か、またはだしの素を取り出して鍋に入れ、水と合わせて火にかけて煮出せば、二番だしのでき上がり。煮出すと多少濁りますが濃いだしができます。だしの素が悲鳴をあげるくらいまで、とことん煮出します。

昆布だし

材料と作り方（作りやすい分量）

昆布…30g
水…2ℓ

保存容器に材料を入れ、冷蔵庫で一晩（6時間以上）おき、温めて使う。

かつおだし

材料と作り方（作りやすい分量）

かつお節…30g
水…2ℓ

保存容器に材料を入れ、冷蔵庫で一晩（6時間以上）おき、ペーパータオルでこし、温めて使う。

煮干し、あごだし

材料と作り方（作りやすい分量）

煮干し（または焼きあご）…約30g
水…2ℓ

保存容器に材料を入れ、冷蔵庫で一晩（6時間以上）おき、ペーパータオルでこし、温めて使う。

＊昆布とかつお節の合わせだしは、「昆布だし」と「かつおだし」を同量ずつ合わせます。取っただしはどれも3〜4日で使いきって。

Recipe

だしがあれば鍋は簡単！
野菜のしゃぶしゃぶ鍋

材料と作り方（2〜3人分）

だし汁（好みのもの）…5カップ
大根…10㎝長さの縦半分
にんじん…縦に½本
ごぼう…½本
じゃがいも（メークイン）…1個
れんこん…小1節（80g）
長ねぎ…1本
A 塩…小さじ½
—ナンプラー…小さじ1〜2
ゆずこしょう、かんずり、
豆板醤だれ（p98参照）…各適量

1 大根、にんじん、ごぼう、じゃがいもはピーラーで薄くひらひらに切る。ごぼうとじゃがいもはそれぞれ水にさらす。れんこんは薄い輪切りか半月切りにし、水にさらす。長ねぎは10㎝長さの細切りにする。

2 土鍋にだし汁を入れて温め、Aを加え、1の野菜を煮る。ゆずこしょう、かんずり、豆板醤だれなどの薬味を添えてつけながら食べる。

この鍋に、解凍した肉だんご（p57参照）を加えてもおいしい。

Recipe

だしを取ったかつお節でふりかけ

材料と作り方（作りやすい分量）
かつお節、しょうゆ…各適量

1 だしを取ったかつお節は、絞らずに汁気を含んだままフライパンに入れて中火にかける。水気を飛ばしながら、カリカリになるまで炒る。
2 火を止めて粗熱を取り、手でもんで細かくする。
3 再び火にかけ、しょうゆをまわしかけ、全体になじんだら火を止めて冷ます。冷蔵保存し、日持ちは約1か月。

＊ごはんにかけたり、おむすびの具にするほか、ゆで野菜にかけたり、あえたりします。

だしを取った昆布で昆布と牛肉の炒めもの

材料と作り方（2人分）
だし昆布…2枚（70g）
牛切り落とし肉（細切り）…200g
塩…二つまみ
A みりん、酒…各大さじ1
— しょうゆ…大さじ1～1½
牛脂、または米油…小さじ1

1 昆布は5㎝長さの細切りにする。牛肉は塩をまぶす。
2 フライパンに牛脂を入れて中火にかけ、熱して脂を溶かす。牛肉を加えて炒め、肉の色が変わってきたら昆布を加えて炒め、Aを順に加えて味をからめる。

Memo

だしを取ったあとの昆布は、冷凍保存しておき、ある程度たまったら炒めものや佃煮にします。かつお節はとことん煮出したものは、どう調理してもおいしくはならないので、うまみがやや残っている状態で作って。

Column

台所の小さな工夫②
調理道具のこと

包丁

切れ味がよければ
ストレスなく
下ごしらえができて時短に

とにかく切れ味が大事。どこの何がいいというのではなく、常に手入れをして切れる包丁にしておくこと。素材の切り口が美しいときは、味もよくなります。

例えばトマト。包丁がすっと入って切ったものと、刃先が入らず、つぶしたような切り口になったときのトマトの味、経験ないですか？　エッジが立った切り口のほうが断然おいしいから、包丁のメンテナンスは欠かせません。切れ味がいいと切り刻みたくなるし、調理時間の短縮にもつながります。

丸いまな板

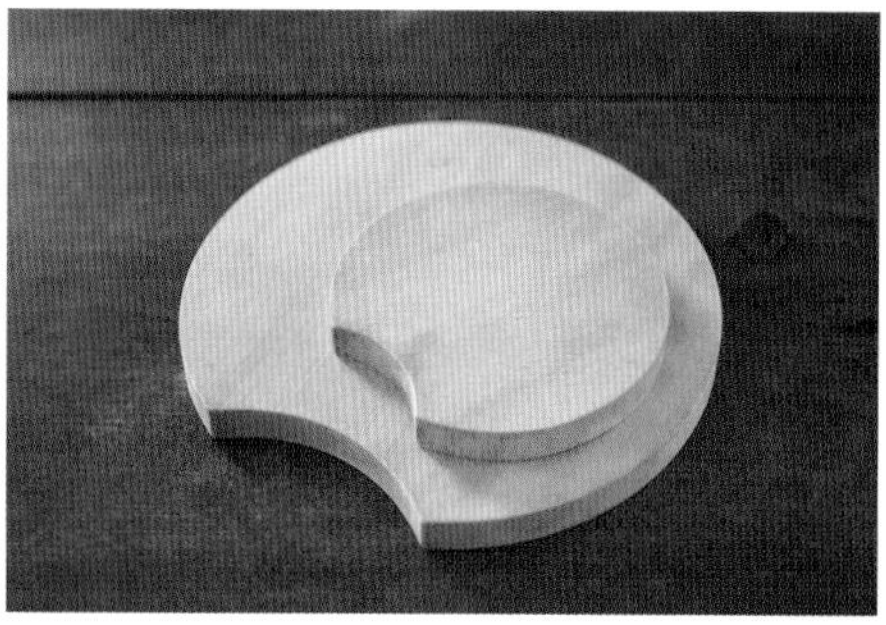

くるくるとまわし、
1枚の上で
何種も切ります

丸くて、自立するこの1枚板がお気に入り。狭い作業台で、多少台からはみ出してもこの丸なら安定感があっていい。薬味を切るときなどはしょうが、ねぎ、青じそと、切るポジションを決めて、まな板をくるくるとまわしながら作業すると、いちいちまな板を洗うことなく、一度にできます。

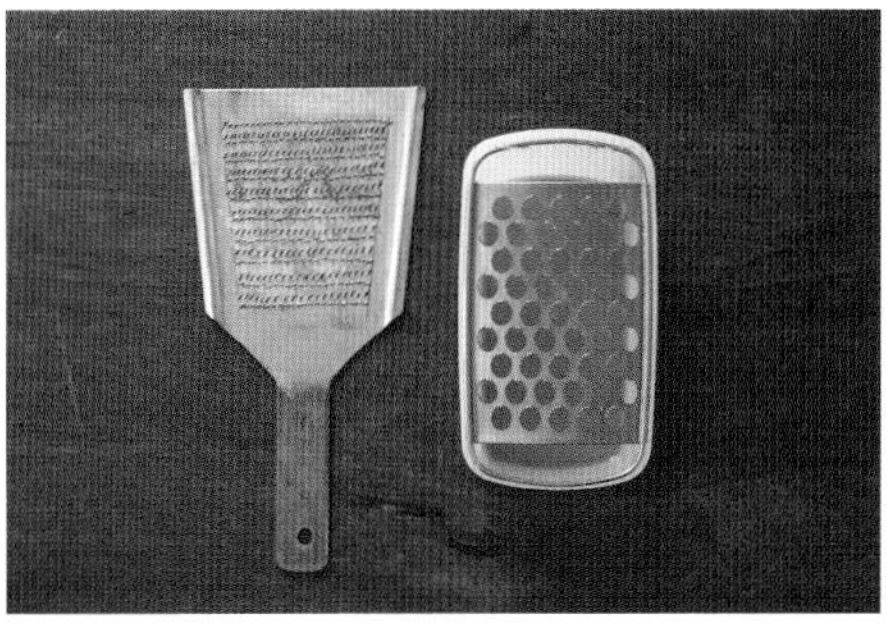

おろし金

気に入ったものでも
切れ味が悪くなったら
思い切って買い換えて

おろし金も劣化します。あるとき新しいものに替えたら、その切れ味に驚いたほど。力まずに大根おろしがすりおろせ、調子がいい。傷んでいるのが目には見えないから、いついずっと使い続けてしまうものの一つ。

左のおろし金は受ける容器がセットされていないので、慣れないとやや使いづらいですが、大根おろしはふんわりとやわらかく、とろろはなめらかにおろすことができます。

消耗品と割り切り、
切れ味が悪くなったら
買い換えを

ピーラーもいつかは劣化して切れ味が悪くなるものと思っていると、そろそろ買い換えどきかなというのがわかってきます。特になすの皮をピーラーでむくときに、切れ味がよくわかります。

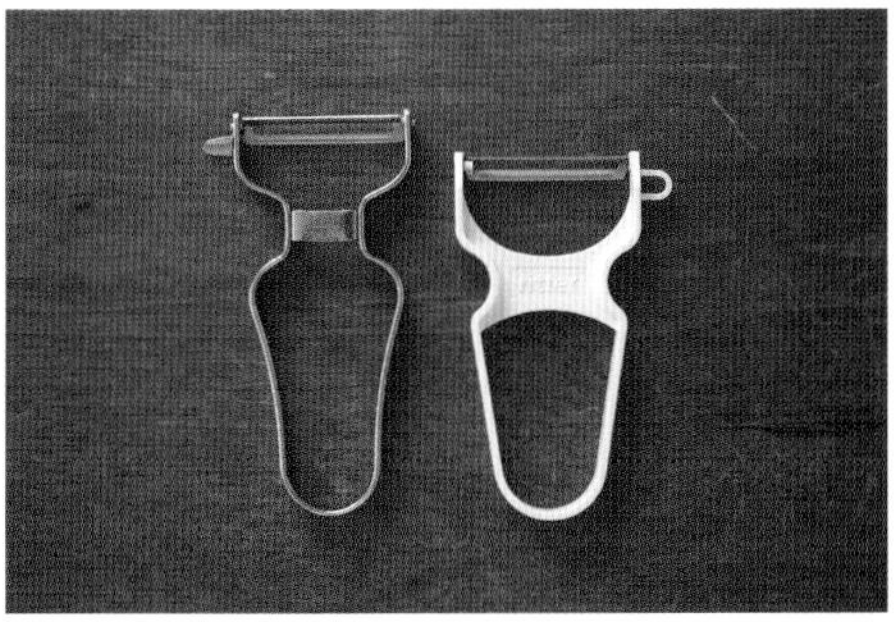

ピーラー

Column

台所の小さな工夫②
調理道具のこと

すり鉢

口当たりのなめらかさはすり鉢ならでは。料理が楽しくなります

ごまや豆腐をすってあえものを作ります。果物やゆでた豆をすりつぶすことも。フォークやマッシャーで代用もできるけれど、すり鉢であたるなめらかさには勝てません。

とろろもすり鉢ですれば、それはそれはふわふわのとろとろに。すり鉢でごりごりとする音も料理です。

せいろ、蒸し器

レンジも使うけど、蒸し料理は仕上がりが違う。仕舞い込まずに使いましょう

せいろ（写真上）は軽いし、手入れが簡単なので、手に取りやすいところに置いています。収納のときにはよく乾かし、使うときには一度水を通しておくと均一に火が通ります。そしてせいろごと食卓へ出せるのもいいところ。

蒸し器（写真下）はせいろよりも密閉度が高いので、茶碗蒸しなどは格段に火の通りがよいです。最近は蒸し器、せいろで保存びんの煮沸、脱気もしています。

冷蔵庫、冷凍庫

棚を順にチェックしてストック品を使いきります。空いたらついでに掃除も

保存食や常備菜が多いこともあって、うちの冷蔵庫、冷凍庫はいつもパンパンに詰まっています。一段だけでも空けておこうと努力はしているのですが……。とにかくなんでも取っておくので、残り汁、たれ、ソース……が並びます。すぐに使えば残しておいてよかったと思うし、いつのまにか奥のほうへ追いやられて忘れてしまって、しまったと思うものもあるけれど、さよならできない。

ムダにしないためにも1週間から10日に一度は中身を見直すようにして、そのつど空いた部分のふき掃除をするように。野菜室の引き出しに敷いている紙を取り替える。週末は冷蔵庫にあるもので過ごすなどして、食材を減らし、限られた中で何ができるか、新たなレシピの誕生にもつながっています。

飛田和緒　ひだ　かずを

東京都生まれ。高校3年間を長野県で過ごす。
現在は、神奈川県の海辺の町で
夫と娘の3人で暮らす。
毎日の暮らしから生まれる、素材を生かした
シンプルなレシピに定評がある。
ここ数年は、みそやアンチョビなどの
保存食作りにも力を入れている。
著書に『飛田和緒のおうち鍋』
『飛田和緒の郷土汁』（ともに小社刊）など多数。

デザイン　天野美保子
撮影　西山 航
（世界文化ホールディングス）
スタイリング　久保原惠理
編集　相沢ひろみ
校正　株式会社円水社
編集部　能勢亜希子

時間も食材も
賢く使う
飛田さんの
料理の工夫

発行日　2021年3月5日　初版第1刷発行
2021年4月10日　第2刷発行
著　者　飛田和緒
発行者　竹間 勉
発　行　株式会社世界文化ブックス
発行・発売　株式会社世界文化社
〒102-8187
東京都千代田区九段北4-2-29
TEL 03-3262-5118（編集部）
TEL 03-3262-5115（販売部）
印刷・製本　株式会社リーブルテック
DTP製作　株式会社明昌堂

ISBN 978-4-418-21301-6